SOCIOLOGIA
E FILOSOFIA

Dados Internacionais de Catalogação na Publicação (CIP)
(Câmara Brasileira do Livro, SP, Brasil)

Durkheim, Émile, 1858-1917.
　　Sociologia e filosofia / Émile Durkheim ;
tradução Fernando Dias Andrade. — São Paulo :
Ícone, 2007. — (Coleção fundamentos de direito)

Título original : Sociologie et philosophie.
Bibliografia.
ISBN 978-85-274-0925-4

1. Filosofia 2. Sociologia I. Título. II. Série.

03-5792　　　　　　　　　　　　　　　　　CDD-301.01

Índices para catálogo sistemático:

1. Sociologia e filosofia　　　301.01

ÉMILE DURKHEIM

SOCIOLOGIA E FILOSOFIA

Representações individuais e representações coletivas (1898)
Determinação do fato moral (1906)
Respostas às objeções (1906)
Juízos de valor e juízos de realidade (1911)

Tradução
FERNANDO DIAS ANDRADE
Doutor em Filosofia pela Universidade de São Paulo
Professor de Filosofia Geral e Lógica Jurídica do IMES
Centro Universitário de São Caetano do Sul
Ex-Professor de Filosofia Geral e de Filosofia Jurídica na Faculdade de Direito de Franca (1998-1999), na Universidade de Uberaba (1999) e na Faculdade de Direito de São Bernardo do Campo (Titular, 2000-2003)

2ª edição

Ícone editora

© Copyright 2007.
Ícone Editora Ltda.

Coleção Fundamentos de Direito

Títulos originais:
Sociologie et philosophie (1924)

Publicação póstuma dos artigos (aqui transformados em capítulos):
« Représentations individuelles et représentations collectives » (1898)
« Détermination du fait moral » (1906)
« Réponses aux objections » (1906)
« Jugements de valeur et jugements de réalité » (1911)

Tradução
Fernando Dias Andrade

Diagramação
Andréa Magalhães da Silva

Revisão
Rosa Maria Cury Cardoso

Proibida a reprodução total ou parcial desta obra,
de qualquer forma ou meio eletrônico, mecânico,
inclusive através de processos xerográficos,
sem permissão expressa do editor
(Lei nº 9.610/98)

Todos os direitos reservados pela
ÍCONE EDITORA LTDA.
Rua Anhanguera, 56 – Barra Funda
CEP 01135-000 – São Paulo – SP
Fone/Fax (11) 3392-7771
www.iconeeditora.com.br
e-mail: iconevendas@iconeeditora.com.br

SUMÁRIO

Capítulo 1
   Representações individuais e representações coletivas, 9

Capítulo 2
   Determinação do fato moral, 47

Capítulo 3
   Respostas às objeções, 81

Capítulo 4
   Juízos de valor e juízos de realidade, 101

Capítulo 1

Representações individuais
e representações coletivas *

Se a analogia não é um método de demonstração propriamente dito, é todavia um procedimento de ilustração e de verificação secundária que pode ter sua utilidade. De forma alguma não é interessante pesquisar se uma lei, estabelecida para uma ordem de fatos, não se encontra em uma outra, *mutatis mutandis;* esse paralelo pode inclusive servir para confirmar a lei, e tornar mais compreensível sua extensão. Em suma, a analogia é uma forma legítima da comparação e a comparação é o único meio prático de que dispomos para conseguir tornar as coisas inteligíveis. O erro dos sociólogos biologistas não está, portanto, em tê-la empregado, mas em tê-la empregado mal. Eles quiseram não controlar as leis da sociologia pelas da biologia, mas induzir as primeiras das segundas. Tais inferências todavia não têm valor; afinal, se as leis da vida se encontram na sociedade, é sob formas novas e com traços específicos que a analogia não permite conjecturar e que só pode ser alcançada pela observação direta.

---

* Publicado na *Revue de Métaphysique et de Morale* [Revista de Metafísica e de Moral], tomo VI, maio de 1898. (Nota dos Editores de 1924)

Mas se tivéssemos começado por determinar, com o auxílio de procedimentos sociológicos, certas condições da organização social, teria sido perfeitamente legítimo examinar em seguida se elas não apresentavam semelhanças parciais com as condições da organização animal, tais como as que o biologista determina por sua vez. Pode-se mesmo prever que toda organização deve ter traços comuns que não é inútil extrair.

Mas ainda é mais natural pesquisar as analogias que podem existir entre as leis sociológicas e as leis psicológicas porque esses dois reinos são mais imediatamente vizinhos um do outro. A vida coletiva, como a vida mental do indivíduo, é feita de representações; é portanto presumível que representações individuais e representações sociais são, de alguma maneira, comparáveis. Iremos, com efeito, tentar mostrar que umas e outras sustentam a mesma relação com seu substrato respectivo. Mas esse paralelo, longe de justificar a concepção que reduz a sociologia a ser apenas um corolário da psicologia individual, aceitará, ao contrário, a independência relativa desses dois mundos e dessas duas ciências.

I

A concepção psicológica de Huxley e de Maudsley, que reduz a consciência a ser apenas um epifenômeno da vida física, conta com quase nenhum defensor; mesmo os representantes mais autorizados da escola psicofisiológica a rejeitam formalmente e se esforçam em mostrar que ela não está implicada em seu princípio. É que, com efeito, a noção cardinal desse sistema é puramente verbal. Existem fenômenos cuja eficácia é restrita, isto é, que afetam só debilmente os fenômenos ambientes; mas a idéia de um fenômeno adicional, que não serve a nada, que não faz nada, que não é nada, é vazia de todo conteúdo positivo. As metáforas mesmas que os teóricos da escola empregam mais freqüentemente para exprimir seu pensamento, encontram-se entre eles. Eles dizem que a consciência é um simples reflexo dos processos cerebrais subjacentes, uma claridade que os acompanha, mas não os constitui. Mas uma claridade não é um nada: é uma realidade, que atesta sua presença por efeitos especiais. Os objetos não são os mesmos e a única mesma ação que têm é o estarem ou não iluminados; seus traços podem ser alterados pela luz que recebem. Da mesma forma, o fato de conhecer, ainda que imperfeitamente, o processo orgânico de que se quer fazer a essência do fato psíquico, constitui uma novidade que não é sem importância e que se manifesta por sinais apreciáveis. Afinal, quanto mais desenvolvida é essa faculdade de conhecer o que se passa em nós, mais também os movimentos do sujeito perdem esse automatismo que é a característica da vida física. Um agente dotado de consciência não se conduz como um ser cuja atividade se reduziria a um sistema de reflexos: ele hesita, tateia, delibera e é essa particularidade que se reconhece nele. A excitação exterior, em lugar de liberar imediatamente em movimentos, está sujeita à passagem, submetida a uma elaboração *sui generis,* e um tempo mais ou menos longo se passa antes que a reação motriz apareça. Essa indeterminação relativa não existe onde não existe consciência, e ela cresce com a consciência. Portanto, a consciência não tem a inércia que se lhe atribui. Como, por outro lado, poderia ser de outra maneira? Tudo o que existe, existe de uma maneira determinada, tem propriedades caracterizadas. Mas toda propriedade se traduz por manifestações que não se produziriam se ela mesma não existisse; afinal, é por essas manifestações que ela se define. Todavia, chame-se a consciência pelo nome que se quiser, ela tem traços sem os quais não seria representável ao espírito. Em conseqüência, a partir do momento em que ela existe, as coisas não poderiam se passar como se ela não existisse.

    A mesma objeção pode ainda ser apresentada sob a forma seguinte. É um lugar-comum da ciência e da filosofia que toda coisa está submetida ao devir. Mas mudar é produzir efeitos; afinal, mesmo o móvel mais passivo não deixa de participar ativamente no movimento que recebe, sendo somente pela resistência que a ele se opõe. Sua velocidade, sua direção, dependem em parte de seu peso, de sua constituição molecular, etc. Se, portanto, toda mudança supõe nisso que muda uma certa eficácia causal e se, entretanto, a consciência, uma vez produzida, é incapaz de nada produzir, é preciso dizer que, a partir do momento em que ela existe, ela está fora do devir. Ela permaneceria, então, o que ela é enquanto é; a série de transformações de que ela faz parte pararia nela; além disso, não haveria mais nada. Ela seria, num sentido, o termo extremo do real, *finis ultimus naturae.* Não há necessidade de fazer notar que uma tal noção não é pensável; ela contradiz os princípios de toda ciência. A matéria em que se extinguem as representações torna-se igualmente ininteligível desse ponto de vista; afinal, um composto que se dissolve é sempre, em alguns traços, fator de sua própria dissolução.

Parece-nos inútil discutir mais longamente um sistema que, tomado literalmente, é uma contradição nos termos. Porque a observação revela a existência de uma ordem de fenômenos chamados representações, que distinguindo-se por traços particulares dos outros fenômenos da natureza, é contrário a todo método tratá-los como se não existissem. Sem dúvida, eles têm causas, mas são causas particulares. A vida é só uma combinação de partículas minerais; ninguém imagina todavia em torná-la um epifenômeno da matéria bruta. Somente, uma vez acordada esta proposição, é preciso aceitar suas conseqüências lógicas. Todavia, existe uma, e fundamental, que parece ter escapado a vários psicólogos, e que buscaremos esclarecer.

Tornou-se quase clássico reduzir a memória a nada mais que um fato orgânico. A representação, diz-se, não se conserva enquanto tal; quando uma sensação, uma imagem, uma idéia cessou de nos ser representada, ela cessou, no mesmo ato, de existir, sem deixar nenhum traço de si. Unicamente, a impressão orgânica que precedeu essa representação não desaparece por completo: restaria uma certa modificação do elemento nervoso, que o predisporia a vibrar novamente como vibrara da primeira vez. Que uma causa qualquer vem portanto a excitá-lo, e essa mesma vibração se reproduziu e, em conseqüência, ver-se-á reaparecer na consciência o estado psíquico que já se produziu, nas mesmas condições, no momento da primeira experiência. Eis de onde provinha e em que consistia a lembrança. Seria, portanto, em conseqüência de uma verdadeira ilusão que esse estado renovado nos parece ser uma revivificação do primeiro. Na realidade, se a teoria é exata, ele constitui um fenômeno completamente novo. Não é a mesma sensação que se revela após ter sido paralisada durante algum tempo; é uma sensação inteiramente original já que não restou nada daquela que tivera lugar primitivamente. E acreditaremos realmente que jamais o experimentamos se, por um mecanismo bem conhecido, ela não viesse por si mesma se localizar no passado. Única coisa que é *a mesma* nas duas experiências, é o estado nervoso, condição da segunda representação como da primeira.

Essa tese não é somente a que sustenta a escola psicofisiológica; ela é admitida explicitamente por numerosos psicólogos que acreditam na realidade da consciência e chegam mesmo a ver na vida consciente a forma eminente do real. Para Léon Dumont, "quando não pensamos a idéia, ela não existe nem mesmo no estado latente; mas existe somente uma de suas condições restando como permanente, e que serve para explicar como, com o concurso de outras condições, o mesmo pensamento pode se renovar". Uma lembrança resulta "da combinação de dois elementos: a) Uma maneira de ser do organismo; b) Um complemento de força vindo de fora".[1] O Sr. Rabier escreve quase nos mesmos termos: "A condição da revivescência é uma excitação nova que, somando-se às condições que constituem o hábito, tem por efeito restaurar um estado dos centros nervosos (impressão) semelhante, embora ordinariamente bem frágil, àquele que provocou o estado

---
[1] "De l'habitude", in *Revue philos.*, I, pp. 350, 351.

de consciência primitivo".[2] William James é mais formal ainda: "O fenômeno da retenção", diz ele, "não é absolutamente um fato da ordem mental *(it is not a fact of the mental order at all)*. É um puro fenômeno físico, um estado morfológico que consiste na presença de certas vias de condução na intimidade dos tecidos cerebrais".[3] A representação se junta à reexcitação da região afetada, como ela é somada à excitação primeira: mas, no intervalo, ela deixou completamente de existir. Ninguém insiste mais vivamente que James sobre a dualidade dos dois estados e sobre sua heterogeneidade. Não há nada em comum entre eles, salvo os traços deixados no cérebro pela experiência anterior, tornando a segunda mais fácil e mais imediata.[4] A conseqüência, por outro lado, decorre logicamente do princípio mesmo da explicação.

Mas como não se percebe que como isso se retorna àquela teoria de Maudsley que tínhamos rejeitado em primeiro lugar, não sem desdém?[5] Se, em cada momento do tempo, a vida psíquica consiste exclusivamente nos estados atualmente dados à consciência clara, é preciso também dizer que ela se reduz a nada. Diz-se, com efeito, que o campo de visão da consciência, como diz Wundt, tem muito pouca extensão; pode-se contar seus elementos. Se, portanto, eles são os únicos fatores psíquicos de nossa conduta, convém admitir que esta é inteiramente colocada sob a dependência exclusiva de causas psíquicas. O que nos dirige, não são as poucas idéias que ocupam presentemente nossa atenção; são todos os resíduos deixados por nossa vida anterior; são os hábitos inquietos, os preconceitos, as tendências que nos movem sem que os justifiquemos, é, numa palavra, tudo o que constitui nosso traço moral. Se, portanto, nada disso tudo é mental, se o passado só sobrevive em nós sob forma material, é propriamente o organismo que conduz o homem. Afinal, o que a consciência pode

---

[2] *Leçons de philosophie*, I, p. 164.
[3] *Principles of Psychology*, I, p. 655.
[4] *Ibid.*, p. 656.
[5] *Ibid.*, pp. 138-145.

alcançar desse passado num instante dado não é nada ao lado disso que dele resta desapercebido e, de um outro lado, as impressões inteiramente são uma ínfima exceção. De resto, a sensação pura, na medida em que ela existe, é, de todos os fenômenos intelectuais, aquele ao qual a palavra epifenômeno poderia menos impropriamente se aplicar. Afinal, está claro que ela depende estritamente da disposição dos órgãos, a menos que um outro fenômeno mental não intervém e não a modifica, e, nesse caso, ela não é mais sensação pura.

Mas vamos mais longe; vejamos o que se passa na consciência atual. Poder-se-á dizer ao menos que os poucos estados que o ocupam têm uma natureza específica, que estão submetidos a leis específicas e que, se sua influência é frágil por causa de sua inferioridade numérica, ela não deixa de ser original? O que viria assim se sobrepor à ação das forças vitais seriam, sem dúvida, poucas coisas; entretanto, seria alguma coisa. Mas como isso seria possível? A vida própria desses estados só pode consistir na maneira *sui generis* pela qual se agrupam. Seria preciso que pudessem se chamar, se associar a partir de afinidades que derivassem de seus traços intrínsecos, e não das propriedades e das disposições do sistema nervoso. Todavia, se a memória é coisa orgânica, essas associações só podem ser simples reflexo de conexões igualmente orgânicas. Afinal, se uma representação determinada só pode ser evocada pelo intermediário do estado psíquico antecedente, como esse último mesmo só pode ser restaurado por uma causa física, as idéias só se ligam porque os pontos correspondentes da massa cerebral estão eles mesmos ligados, e materialmente. É isso, por outro lado, o que declaram expressamente os partidários da teoria. Ao deduzir esse corolário do princípio deles, asseguramos não cometer violência contra seu pensamento; afinal, nós não lhes supomos nada que eles não professem explicitamente, como a lógica aí lhes obriga. A lei psicológica da associação, diz James, "é apenas a conseqüência, no espírito, desse fato totalmente psíquico que correntes nervosas se propagam mais facilmente através de vias de condução que já tinham sido percorridas".[6] E o Sr. Rabier: "Quando se trata de uma associação, o estado sugestivo *a* tem sua condição numa impressão nervosa A; o estado sugerido *b* tem sua condição numa outra condição nervosa B. Isto posto, para explicar como essas duas impressões e, em conseqüência, esses dois estados de consciência se sucedem, há somente um passo a dar – bem fácil, na verdade –, qual seja, admitir *que a oscilação nervosa propagou-se de A para B;* e isso porque, uma primeira vez, o movimento tendo já cumprido esse trajeto, a mesma rota daí por diante lhe é mais fácil".[7]

Mas se a ligação mental é apenas um eco da ligação física e faz apenas repeti-la, ela serve para quê? Por que o movimento nervoso não determinava imediatamente o movimento muscular, sem que esse fantasma de consciência viesse se intercalar entre eles? Retomaríamos as expressões que nós mesmos empregávamos há pouco e diríamos que esse eco tem sua realidade, que uma vibração molecular acompanhada de consciência não é idêntica à mesma vibração sem consciência; que, por conseqüência, alguma coisa surgiu de novo? Mas os defensores da concepção epifenomenista não usam uma outra linguagem. Também eles bem sabem que a cerebração inconsciente difere do que eles chamam uma cerebração consciente. Trata-se, apenas, de saber se essa diferença decorre da natureza da cerebração, da intensidade maior da oscilação nervosa por exemplo, ou se ela se deve principalmente à adição da consciência. Todavia, para que essa adição não constituísse uma simples superfetação, uma espécie de luxo incompreensível, seria preciso que a consciência assim acrescentada fosse uma maneira que pertencesse somente a ela; que ela fosse suscetível de produzir efeitos que, sem ela, não teriam lugar. Mas se, como se supõe, as leis às quais ela está submetida são apenas uma transposição das que regem a matéria nervosa elas fazem duplo emprego

---

[6] *Op. cit.,* I, p. 563.
[7] *Op. cit.,* I, p. 195.

com essas últimas. Não se pode inclusive supor que a combinação, nada mais fazendo que reproduzir certos processos cerebrais, dê origem todavia a algum estado novo, dotado de uma autonomia relativa, e que não seja um puro sucedâneo de algum fenômeno orgânico. Afinal, segundo a hipótese, um estado não pode durar se o que ele tem de essencial não envolve inteiramente, numa certa polarização, células cerebrais. Porém, o que é um estado de consciência sem duração?

De uma maneira geral, se a representação só existe enquanto o elemento nervoso que a suporta se acha nas condições de intensidade e de qualidades determinadas, se ela desaparece desde que não sejam realizadas essas condições no mesmo grau, ela não é nada por ela mesma; ela não tem outra realidade além da que ela detém de seu substrato. É, como dizem Maudsley e sua escola, uma sombra projetada da qual não resta mais nada quando o objeto cujos contornos ela reproduz vagamente não está mais lá. Donde se deveria concluir que não existe vida que seja propriamente física nem, por conseqüência, matéria a uma psicologia própria. Afinal, nessas condições, caso se pretenda compreender os fenômenos mentais, a matéria de que eles se produzem, se reproduzem e se modificam, não é elas que é preciso considerar e analisar; são os fenômenos anatômicos dos quais eles são nada mais que a imagem mais ou menos fiel. Não se pode mesmo dizer que eles reagem uns aos outros e se modificam mutuamente, já que suas relações são somente uma encenação aparente. Quando se diz, de imagens percebidas em um espelho, que elas nele se lançam, se repelem, se sucedem, etc., bem se sabe que essas expressões são metafóricas; elas são verdadeiras literalmente apenas quanto aos corpos que produzem esses movimentos. De fato, atribui-se tão pouco valor a essas manifestações que sequer se experimenta a necessidade de se questionar em que elas se tornam e como se faz para que apareçam. Acha-se completamente natural que uma idéia que agora mesmo ocupava a nossa consciência possa tornar-se nada no instante seguinte; para que ela possa se aniquilar também facilmente é preciso, evidentemente, que ela tenha tido somente um semblante de existência.

Se, portanto, a memória é exclusivamente uma propriedade dos tecidos, a vida mental não é nada fora da memória. Não que nossa atividade intelectual consista exclusivamente em responder sem modificações aos estados de consciência anteriormente experimentados. Mas, para que eles possam estar submetidos a uma elaboração verdadeiramente intelectual, diferente, por conseqüência, das que implicam as únicas leis da matéria viva, ainda é preciso que tenham uma existência relativamente independente de seu substrato material. Senão, eles se agruparão, como eles nascem e como renascem, a partir das afinidades puramente físicas. Às vezes, é verdade, crê-se escapar a esse niilismo intelectual quando se imagina uma substância ou não sei qual forma superior às determinações fenomenais; fala-se vagamente de um pensamento, distinto dos materiais que o cérebro lhe fornece e que ela elaboraria por procedimentos *sui generis.* Mas o que é um pensamento que não seria um sistema e uma seqüência de pensamentos particulares, senão uma abstração realista? A ciência não tem de conhecer substâncias nem formas puras, existam elas ou não. Para o psicólogo, a vida representativa não é outra coisa além de um conjunto de representações. Se, portanto, as representações de toda ordem morrem tão logo tenham nascido, de que o espírito pode ser feito? É preciso escolher: ou o epifenomenismo é verdadeiro, ou existe uma memória propriamente mental. Todavia, vimos o que há de insustentável na primeira solução. Por conseqüência, a segunda se impõe a quem quiser ficar de acordo consigo mesmo.

II

Mas ela se impõe também por uma outra razão.

Acabamos de mostrar que, se a memória é exclusivamente uma propriedade da substância nervosa, as idéias não podem se evocar mutuamente; a ordem na qual elas retornam ao espírito só pode reproduzir a ordem na qual seus antecedentes físicos são reexcitados, e essa reexcitação mesma só pode ser devida a causas puramente físicas. Essa proposição está tão bem implicada nas premissas do sistema que ela é formalmente admitida por todos os que o professam. Todavia, não somente ela leva, como acabávamos de mostrar, a fazer da vida psíquica uma aparência sem realidade, mas ela é diretamente contrariada pelos fatos. Há casos – e esses são os mais importantes – onde a maneira pela qual as imagens são evocadas não parece poder se explicar assim. Sem dúvida, pode-se bem imaginar que duas idéias não possam se produzir simultaneamente na consciência ou se seguir imediatamente, sem que os pontos do encéfalo que lhes servem de substratos tenham sido postos em comunicação material. Em conseqüência, não há nada impossível *a priori* a que toda excitação nova de um, seguindo a linha da menor resistência, se estende à outra e determine assim a reaparição de seu conseqüente psíquico. Mas não existem conexões orgânicas conhecidas que possam fazer compreender como duas idéias semelhantes podem se chamar uma à outra pelo simples fato de sua semelhança. Nada do que sabemos sobre o mecanismo cerebral não nos permite conceber como uma vibração que se produz em A poderia ter uma tendência a se propagar em B por aquilo somente que entre as representações *a* e *b* existe alguma similitude. Eis por que toda psicologia que vê na memória um fato puramente biológico, só pode explicar as associações por semelhança reportando-as às associações por contigüidade, isto é, negando-lhes toda realidade.

Essa redução foi tentada.[8] Se, diz-se, dois estados se assemelham, é que têm ao menos uma parte comum. Esta, repetindo-se identicamente nas duas experiências, tem, o mesmo elemento nervoso como suporte. Esse elemento se encontra assim em relações com os dois grupos diferentes de células aos quais correspon-

---
[8] Ver James, *op. cit.*, I, p. 690.

dem as partes diferentes dessas duas representações, já que concorreu com umas como com as outras. Em conseqüência, ele serve de liame entre elas e eis aí como as próprias idéias se ligam. Por exemplo, vejo uma folha de papel branco; a idéia que tenho compreende uma certa imagem de brancura. Que uma causa qualquer venha a excitar particularmente a célula que, vibrando, produziu essa sensação colorida, e uma corrente nervosa aí nasceu, que se irradiará totalmente em volta, mas seguindo de preferência as vias que encontra totalmente traçadas. É dizer que ele se levará sobre os outros pontos que estavam já em comunicação com o primeiro. Mas os que satisfazem a essa condição são também os que suscitaram representações semelhantes, em um ponto, à primeira. É assim que a brancura do papel me fará pensar na da neve. Duas idéias que se assemelham se acharão, portanto, associadas ainda que a associação seja o produto, não da semelhança propriamente dita, mas uma contigüidade puramente material.

Mas essa explicação se fundamenta em uma série de postulados arbitrários. Em primeiro lugar, não há razão para ver as representações como formadas por elementos definidos, espécie de átomos que poderiam entrar, ficando idênticos a si mesmos, na contextura das representações mais diversas. Nossos estados mentais não são assim feitos de peças e de pedaços que eles se emprestariam mutuamente, conforme as ocasiões. A brancura desse papel e da neve não são as mesmas e nos são dadas em representações diferentes. Dir-se-á que elas se confundem em que a sensação da brancura em geral se acha em ambas? Seria preciso então admitir que a idéia da brancura em geral constitui uma espécie de entidade distinta que, ao se agrupar com entidades diferentes, daria origem a tal sensação determinada de brancura. Todavia, não é um simples fato que pode justificar uma tal hipótese. Toda prova, ao contrário – e é curioso que James tenha contribuído mais que ninguém em demonstrar essa proposição –, toda prova de que a vida psíquica é um curso contínuo de representações, que não se pode dizer jamais onde uma começa e outra termina. Elas se penetram mutuamente. Sem dúvida, o espírito chega pouco a pouco a distinguir partes aí. Mas essas distinções são obra nossa; somos nós que as introduzimos no *continuum* psíquico, bem longe de encontrá-las aí. É a abstração que nos permite analisar assim o que nos é dado num estado de complexidade indivisa. Porém, a partir da hipótese que discutimos, é o cérebro, ao contrário, que deveria efetuar por ele mesmo todas essas análises, já que todas essas divisões teriam uma base anatômica. Sabe-se, por outro lado, com que dificuldade chegamos a dar aos produtos da abstração uma espécie de fixidez e de individualidade sempre mais precária, graças ao artifício da palavra. Tanto é preciso que essa dissociação seja conforme à natureza original das coisas!

Mas a concepção fisiológica, que está na base da teoria, é ainda mais insustentável. Concedamos que as idéias sejam assim decomponíveis. Seria preciso, além do mais, admitir que a cada uma das partes em que elas são assim decompostas corresponde um elemento nervoso determinado. Haveria então uma parte da massa cerebral que seria a sede das sensações de vermelho, uma outra das sensações de verde, etc. E dizê-lo nem é suficiente. Seria preciso um substrato especial para cada nuança de verde, de vermelho, etc., afinal, segundo a hipótese, duas cores de mesma nuança só podem se evocar mutuamente se os pontos por onde se assemelham correspondem a um único e mesmo estado orgânico, já que toda similitude psíquica implica uma coincidência espacial. Todavia, uma tal geografia cerebral deriva mais da ficção que da ciência. Sem dúvida, sabemos que certas funções intelectuais estão mais estreitamente ligadas a tais regiões do que a outras; ainda essas localizações não têm nada de preciso nem de rigoroso, como o prova o fato das substituições. Ir mais longe, supor que cada representação reside numa célula determinada já é um postulado gratuito, do qual a seqüência deste estudo mostrará a impossibilidade. Que dizer, então, da hipótese a partir da qual os elementos últimos da representação (supondo-se que existam, e que a palavra exprima uma realidade) seriam eles mesmos não menos estritamente localizados? Assim, a representação da folha sobre a qual escrevo estaria literalmente dispersa em todos os setores do cérebro! Não somente existiria de um lado a impressão da cor, por outro lado a da forma, e por outro ainda a da resistência, mas ainda a idéia da cor em geral teria sede aqui, aí residiriam os atributos distintivos de tal nuança particular, ao lado dos traços especiais que essa nuança toma no caso presente e individual que tenho sob os olhos, etc. Como não se vê, além de toda outra consideração, que, se a vida mental está dividida nesse ponto, se ela é formada de uma tal nuvem de elementos orgânicos, a unidade e a continuidade que ela apresenta se tornam incompreensíveis?

Poder-se-ia questionar também como, se a semelhança de duas representações é devida à presença de um único e mesmo elemento em uma como na outra, esse elemento único poderia parecer duplo. Se temos uma imagem ABCD e uma outra AEFG evocada pela primeira, se, por conseqüência, o processo total pode ser figurado pelo esquema (BCD) A (EFG), como podemos perceber dois A? Responderemos que essa distinção se faz graças aos elementos diferenciais que são dados ao mesmo tempo: como A está engajado ao mesmo tempo no sistema BCD e no sistema EFG e que esses dois sistemas são distintos um do outro, a lógica, diz-se, nos obriga a admitir que A é duplo. Mas embora se possa explicar por que devemos *postular* essa dualidade, não se pode fazer, por meio disso, que compreendamos como, de fato, nós a *percebemos*. Do que pode ser razoável conjecturar que uma mesma imagem se relaciona a dois conjuntos de circunstâncias diferentes, não segue que nós a *vejamos desdobrada*. No instante atual, represento-me simultaneamente, por um lado, essa folha de papel branco, e por outro, a neve espalhada sobre o solo. Eis, portanto, que há em meu espírito duas representações de brancura e não uma apenas. Eis que, com efeito, simplificam-se artificialmente as coisas quando a similitude é reduzida a nada mais que uma identidade parcial. Duas idéias semelhantes são distintas mesmo pelos pontos onde eles estão superpostos. Os elementos que se diz serem comuns a uma e a outra existem separadamente e em uma e na outra; nós não os confundimos quando os comparamos. Eis a relação *sui generis* que se estabelece entre eles, a combinação especial que eles formam em virtude dessa semelhança, as características particulares desta combinação, que nos dão a impressão da similitude. Mas combinação supõe pluralidade.

Não se pode, portanto, reportar a semelhança à contigüidade sem desconhecer a natureza da semelhança e sem fazer hipóteses, ao mesmo tempo fisiológicas e psicológicas, que nada justificam: donde resulta que a memória não é um fato puramente físico, que as representações como tais são suscetíveis de conservar. Com efeito, se elas desvanecessem totalmente depois de terem saído da consciência atual, se elas sobrevivessem somente sob a forma de um vestígio orgânico, as similitudes que elas podem ter com uma idéia atual não teriam como extraí-las do nada; afinal, não pode haver nenhuma relação de similaridade, direta ou indireta, entre esse vestígio do qual se admitem a sobrevivência e o estado psíquico presentemente dado. Se, no momento em que vejo esta folha, não resta mais nada, em meu espírito, da neve que eu vira precedentemente, a primeira imagem não pode agir sobre a segunda nem esta sobre aquela, uma portanto só pode evocar a outra somente pelo que ela lhe lembra. Mas o fenômeno não tem nada mais de ininteligível, se existe uma memória mental, se as representações passadas persistem na qualidade de representações, se a rememoração, enfim, consiste, não numa criação nova e original, mas somente numa nova emergência à claridade da consciência. Se nossa vida psíquica só se aniquila à medida que se dele, não há solução de continuidade entre nossos estados anteriores e nossos estados atuais; não existe portanto nada a impossibilitar que eles ajam uns sobre os outros e que o resultado dessa ação mútua possa, em certas condições, acentuar o bastante a intensidade dos primeiros para que se tornem outra vez conscientes.

Objeta-se, é verdade, que a semelhança não pode explicar como as idéias se associam, porque ela só pode aparecer se as idéias estão já associadas. Se ela é conhecida, diz-se, é porque foi feita a aproximação; ela não pode, portanto, ser sua causa. Mas o argumento confunde equivocadamente a semelhança e a percepção da semelhança. Duas representações podem ser semelhantes, como as coisas que elas exprimem, sem que o saibamos. As principais descobertas da ciência consistem precisamente em perceber analogias ignoradas entre idéias conhecidas por todo o mundo. Todavia, por que essa semelhança não percebida não produziria efeitos que serviriam precisamente para caracterizá-la e para fazê-la perceber? As imagens, as idéias agem umas sobre as outras, e essas ações e essas reações devem necessariamente variar com a natureza das representações; notadamente, elas devem mudar segundo as representações que são assim relacionadas se assemelham ou diferem ou contrastam. Não existe nenhuma razão para que a semelhança não desenvolva uma propriedade *sui generis* em virtude da qual dois estados, separados por um intervalo de tempo, seriam determinados a se aproximar. Para lhe admitir a realidade, não é de todo necessário imaginar que as representações são coisas em si; basta concordar que elas não são nada, que elas são fenômenos, mas reais, dotados de propriedades específicas e que se comportam de maneiras diferentes uns com os outros, conforme tenham, ou não, propriedades comuns. Pode-se encontrar nas ciências da natureza diversos fatos em que a semelhança age dessa maneira. Quando corpos de densidade diferente são fundidos, os que têm uma densidade diferente tendem a se agrupar entre si e a se distinguir dos outros. Entre os vivos, os elementos semelhantes têm uma tal afinidade uns pelos outros que eles acabam por desaparecer uns nos outros e por se tornar indistintos. Sem dúvida é permitido acreditar que esses fenômenos de atração e de coalescência se explicam por razões mecânicas e não por uma atração misteriosa que semelhante teria pelo semelhante. Mas por que o agrupamento das representações similares no espírito não se explicaria de uma maneira análoga? Por que não existiria um mecanismo mental (mas não exclusivamente psíquico) que justificaria essas associações sem fazer intervir nenhuma virtude oculta nem nenhuma entidade escolástica?

Talvez não seja mesmo impossível perceber desde logo, ao menos genericamente, em qual sentido poderia ser buscada essa explicação. Uma representação não se produz sem agir sobre o corpo e sobre o espírito. Já, para surgir, ela supõe certos movimentos. Para ver uma casa que está atualmente sob meus olhos, me é preciso contrair de uma certa maneira os músculos do olho, dar à cabeça uma certa inclinação segundo a altura, as dimensões do edifício: além disso, a sensação, uma vez que ela exista, determina movimentos por seu turno. Todavia, se ela já teve lugar uma primeira vez, isto é, se a mesma casa foi vista precedentemente, os mesmos movimentos foram executados nessa ocasião. São os mesmos músculos que foram movimentados e da mesma maneira, ao menos em parte, isto é, na medida em que as condições objetivas e subjetivas da experiência se repetem identicamente. Existe, portanto, desde agora, uma relação de conexidade entre a imagem dessa casa tal que a conserva minha memória, e certos movimentos; e já que esses movimentos são os mesmos que acompanham a sensação atual desse mesmo objeto, para eles um liame se acha estabelecido entre minha percepção presente e minha percepção passada. Suscitadas pela primeira, sucedem outra vez a segunda, revelam-na; afinal, é um fato conhecido que ao imprimir no corpo uma atitude determinada, provocam-se as idéias ou emoções correspondentes.

Todavia, esse primeiro fator não poderia ser o mais importante. Por mais real que seja a relação entre as idéias e os movimentos, não há nada de mais preciso. Um mesmo sistema de movimentos pode servir para realizar idéias muito diferentes sem se modificar na mesma proporção; também as impressões que ele revela são sempre gerais. Ao dar aos membros a posição conveniente, pode-se sugerir a um sujeito a idéia da oração, não de tal oração. Além disso, se é verdade que todo estado de consciência é coberto de movimentos, é preciso acrescentar que quanto mais a representação se distancia da sensação pura, tanto mais o elemento motor perde importância e significação positiva. As funções intelectuais superiores supõem sobretudo inibições de movimentos, como o provam o papel capital que aí têm a atenção e a natureza mesma da atenção, que consiste essencialmente numa suspensão, tão completa como possível, da atividade física. Todavia, uma simples negação da mobilidade não conseguiria servir para caracterizar a infinita diversidade dos fenômenos de ideação. O esforço que fazemos para impedir a ação não está mais ligado a esse conceito do que a esse outro, se o segundo nos demandou o mesmo esforço de atenção que o primeiro. Mas o liame entre o presente e o futuro pode também se estabelecer com o auxílio de intermediários puramente intelectuais. Com efeito, toda representação, no momento onde ela se produz, afeta, além dos órgãos, o próprio espírito, ou seja, as representações presentes e passadas que o constituem, se ao menos se admite conosco que as representações passadas subsistem em nós. O quadro que eu vejo nesse momento age de uma maneira determinada sobre tal de minhas maneiras de ver, tal de minhas aspirações, tal de meus desejos; a percepção que disso tenho se encontra, portanto, solidária desses diversos estados mentais. Que agora ela me seja apresentada outra vez, ela agiu da mesma maneira sobre esses mesmos elementos que duram sempre, salvo as modificações que o tempo os pode ter feito sofrer. Ela os excitará, portanto, como da primeira vez e, por meio deles, essa excitação se comunicará à representação anterior com a qual eles estão a partir de agora relacionados, e que será assim revivificada. Afinal, a menos que se recuse aos estados psíquicos toda eficácia, não se vê por que também eles não teriam a propriedade de transmitir a vida, que neles está naqueles outros estados com os quais estão relacionados, assim como uma célula pode transmitir seu movimento às células vizinhas. Esses fenômenos de transferência são mesmo tão mais fáceis de conceber no que diz respeito à vida representativa que ela não é formada de átomos, separados uns dos outros; é um todo contínuo no qual todas as partes se penetram umas nas outras. De resto, submetemos ao leitor esse esboço de explicação somente a título de indicação. Nosso escopo é sobretudo mostrar que não existe nenhuma impossibilidade de que a semelhança, por ela mesma, seja uma causa de associações. Afinal, como por vezes se argüiu sobre essa pretensa impossibilidade para reduzir a similaridade à contigüidade e a memória mental à memória física, seria o caso de mostrar que a dificuldade não tem nada de insolúvel.

III

Assim, não somente o único meio de escapar à psicologia epifenomenista é admitir que as representações são suscetíveis de persistir na qualidade de representações, mas a existência de associações de idéias por semelhança demonstra diretamente essa persistência.

Mas objeta-se que essas dificuldades são evitadas somente ao preço de uma outra, que não é menor. Com efeito, diz-se, as representações só podem se conservar como tais fora da consciência; afinal, não temos nenhum sentimento de todas as idéias, sensações, etc., que podemos ter experimentado em nossa vida passada e que sejamos suscetíveis de recordar no futuro.

Ora, afirma-se a princípio que a representação só pode se definir pela consciência; donde conclui-se que uma representação inconsciente é inconcebível, que a sua noção mesma é contraditória.

Mas a qual direito se limita assim a vida psíquica? Sem dúvida, se se trata somente de uma definição de palavra, ela é legítima pela mesma razão pela qual é arbitrária; somente, não se pode concluir nada. Do que convém chamar psicológicos somente os estados conscientes, não segue que não existam mais que fenômenos orgânicos ou físico-químicos onde não existe consciência. É uma questão de fato que a observação pode sozinha resolver. Quer-se dizer que se se retira a consciência da representação, o que resta não é representável à imaginação? Mas, nestas condições, existem milhares de fatos autênticos que poderiam ser igualmente negados. Nós não sabemos o que é um meio material imponderável e nós não podemos dele fazer nenhuma idéia; entretanto, a hipótese lhe é necessária para explicar a transmissão das ondas luminosas. Que fatos bem estabelecidos venham demonstrar que o pensamento pode se transferir à distância, a dificuldade que podemos ter para nos representar um fenômeno também desconcertante não será uma razão suficiente para que se lhe possa contestar a realidade, e será preciso admitir ondas de pensamento cuja noção ultrapasse ou mesmo contradiga todos os nossos conhecimentos atuais. Antes que a existência de raios luminosos obscuros, penetrando corpos opacos, tenha sido demonstrada, pôde-se facilmente provar que eles eram inconciliáveis com a natureza da luz. Poder-se-ia facilmente multiplicar os exemplos. Assim, desde que um fenômeno não é claramente representável ao espírito, não se está todavia no direito de o negar, se ele se manifesta por efeitos definidos, os quais são representáveis e que lhe servem de sinais. Ele é pensado portanto não nele mesmo, mas em função desses efeitos que o caracterizam. Inclusive não existe ciência que não seja obrigada a tomar esse desvio para alcançar as coisas de que ela trata. Ela vai de fora para o dentro, das manifestações exteriores e imediatamente sensíveis aos traços internos que essas manifestações desvelam. Uma corrente nervosa, um raio luminoso são em primeiro lugar um não sei o quê no qual se reconhece a presença de tal ou qual dos seus efeitos, e é justamente a tarefa da ciência determinar progressivamente o conteúdo dessa noção inicial. Se, portanto, nos é dado constatar que certos fenômenos podem ser causados somente por representações, isto é, se eles constituem os signos exteriores da vida representativa, e se, por outro lado, as representações que se revelam assim são ignoradas pelo sujeito em que se produzem, diremos que podem existir estados psíquicos sem consciência, alguma dificuldade que a imaginação possa ter para figurá-las.

Ora, os fatos desse gênero são inumeráveis, se, ao menos, entende-se por consciência a apreensão de um estado dado por um sujeito dado. Ele se passa, com efeito, em cada um de nós, uma multidão de fenômenos que são psíquicos sem serem apreendidos. Dizemos que eles são psíquicos, porque eles se traduzem exteriormente pelos índices característicos da atividade mental, a saber, pelas hesitações, os tateamentos, a apropriação dos movimentos a um fim preconcebido. Se, quando um ato tem lugar em vista de um fim, não estamos seguros de que ele é inteligente, questiona-se pelo quê a inteligência pode se distinguir do que não é ela. Todavia, as experiências conhecidas do Sr. Pierre Janet provaram muitos atos apresentam todos esses sinais sem que, todavia, eles sejam conscientes. Por exemplo, um sujeito, que acaba de se recusar a obedecer a uma ordem, a isso se conforma docilmente se tem-se o empenho de desviar sua atenção no momento em que as palavras imperativas são pronunciadas. É, evidentemente, um conjunto de representações que lhe dita sua atitude; afinal, a ordem pode produzir seu efeito somente se foi ouvida e compreendida. Entretanto, o paciente não duvida do que se passou; ele nem mesmo sabe que obedeceu; e se, no momento em que ele está em vias de efetuar o gesto comandado, fazem-no notá-lo, isso é para ele a mais surpreendente das descobertas.[9] Da mesma maneira, quando se prescreve a um hipnotizado não ver tal pessoa ou tal objeto que está sob seus olhos, a defesa pode agir somente se ela é representada ao espírito. Entretanto, a consciência não é de forma alguma advertida disso. Citou-se igualmente casos de numeração inconsciente, cálculos bastante complexos, feitos por um indivíduo que deles não tem disso a menor impressão.[10] Essas experiências, que foram variadas de todas as maneiras, foram feitas, é verdade, em estados anormais; mas elas fazem somente reproduzir sob uma forma aumentada o que se passa normalmente em nós. Nossos juízos são a cada instante mutilados,

---

[9] Ver *L'automatisme psychologique,* p. 237 e ss.
[10] *Ibid.,* p. 225.

desnaturados por juízos inconscientes; nós vemos somente o que nossos preconceitos nos permitem ver e nós ignoramos nossos preconceitos. Por outra parte, estamos sempre num certo estado de distração, já que a atenção, ao concentrar o espírito num pequeno número de objetos, desvia-o de um número bem maior de outros; porém, toda distração tem por efeito manter fora da consciência estados psíquicos que não deixam de ser reais, já que eles agem. Quantas vezes, inclusive, existe um verdadeiro contraste entre o estado verdadeiramente experimentado e a maneira pela qual ele aparece à consciência! Acreditamos odiar alguém quando o amamos e a realidade desse amor se manifesta por atos cuja significação não é duvidosa para terceiros, no momento mesmo em que nos acreditamos sob a influência do sentimento oposto.[11]

Por outro lado, se tudo o que é psíquico fosse consciente e se tudo o que é inconsciente fosse psicológico, a psicologia deveria então retornar ao velho método introspectivo. Afinal, se a realidade dos estados mentais se confunde com a consciência que dela temos, a consciência basta para conhecer essa realidade inteiramente, já que esta com aquela forma uma unidade e não há necessidade de recorrer aos procedimentos complicados e indiretos que estão em uso hoje em dia. Nós não estamos mais, com efeito, a ver as leis dos fenômenos como superiores aos fenômenos e a determiná-las de fora; elas lhes são imanentes, elas são apenas suas maneiras de ser. Se, portanto, os fatos psíquicos não o são na mesma medida, se eles são conhecidos por nós e somente da ma-

---

[11] Segundo James, não haveria aí nenhuma prova de uma inconsciência real. Quando eu tomo por ódio ou indiferença o amor que me envolve, eu nada mais estaria fazendo do que denominar mal um estado do qual eu sou plenamente consciente. Nós reconhecemos não compreender. Se eu denomino mal o estado, é porque a consciência que eu tenho dele é em ela mesma equivocada; é porque ela não exprime todas as características desse estado. Entretanto, essas características que não são conscientes atuam. Elas são, portanto, inconscientes de alguma maneira. Meu sentimento tem os traços constitutivos do amor, já que ele determina em conseqüência minha conduta; todavia, eu não os percebo, se bem que minha paixão me inclina para um sentido, e a consciência que eu tenho de minha paixão, para outro. Os dois fenômenos não se recobrem. Entretanto, parece bem difícil de ver numa inclinação como o amor coisa diferente de um fenômeno psíquico (ver James, I, p. 174).

neira como são conhecidos por nós (e que são a mesma coisa), suas leis são dadas pela mesma ação. Para conhecê-las, bastaria apenas olhar. Quanto aos fatores da vida mental que, sendo conscientes, não podem ser conhecidos por essa via, não é para a psicologia que eles apareceriam, mas para a fisiologia. Não temos necessidade de expor as razões pelas quais essa psicologia fácil não é mais sustentável; é certo que o mundo interior ainda está, em grande parte, inexplorado, que descobertas aí são feitas todos os dias, que muitas outras faltam ser feitas e que, em conseqüência, não basta um pouco de atenção para tomar consciência delas. Em vão, responde-se que essas representações, que passam por inconscientes, são somente percebidas de uma maneira incompleta e confusa. Afinal, essa confusão só pode depender de uma causa, que nós não percebemos tudo o que essas representações contêm; é que aí se acham elementos, *reais e atuantes,* que, por conseqüência, não são fatos puramente físicos, e que, entretanto, não são conhecidos pela consciência. A consciência obscura de que se fala é somente uma inconsciência parcial; o que leva a reconhecer que os limites da consciência não são as da atividade psíquica.

Para evitar essa palavra, inconsciência, e as dificuldades que o espírito experimenta ao conceber a coisa que ela exprime, pode ser que se prefira associar esses fenômenos inconscientes a centros de consciência secundários, disseminados no organismo e ignorados do centro principal, ainda que normalmente subordinados a ele; ou mesmo se admitirá que pode existir consciência sem *eu*, sem apreensão do estado psíquico por um sujeito dado. Nós não temos, no momento, de discutir essas hipóteses, por um lado muito plausíveis[12] mas que deixam intacta a proposição que queremos

---

[12] No fundo a noção de uma representação inconsciente e a de uma consciente sem *eu* apreendendo-as são equivalentes. Afinal quando dizemos que um fato psíquico é inconsciente, entendemos somente que ele não é apreendido. Toda a questão está em saber qual expressão é melhor para ser empregada. Do ponto de vista da imaginação, uma e outra têm o mesmo inconveniente. Não nos é mais fácil imaginar uma representação sem sujeito que se representa, do que uma representação sem consciência.

estabelecer. Tudo o que ouvimos dizer, com efeito, é que fenômenos se passam em nós, que são de ordem psíquica e, entretanto, não são conhecidos do eu que somos. Quanto a saber se eles são percebidos por *eus* desconhecidos ou o que eles podem ser fora de toda apreensão, isso não nos importa. Que nos seja concedido somente que a vida representativa se estende para além de nossa consciência atual, e a concepção de uma memória psicológica se torna inteligível. Todavia, tudo o que nos propomos mostrar aqui, é que essa memória existe, sem que tenhamos que escolher entre todas as maneiras possíveis de concebê-la.

IV

Estamos agora em vias de concluir.

Se as representações, uma vez que elas existem, continuam a ser por elas mesmas sem que sua existência dependa perpetuamente do estado dos centros nervosos, se elas são suscetíveis de agir diretamente umas sobre as outras, de se combinar conforme leis que lhes são próprias, eis que portanto elas são realidades que, ao manter com seu substrato relações estreitas, são todavia independentes dele numa certa medida. Certamente sua autonomia só pode ser relativa, não há reino na natureza que não dependa dos outros reinos; nada portanto seria mais absurdo do que erigir a vida psíquica em uma espécie de absoluto que não viria de nenhuma parte e que não se associaria ao resto do universo. É bem evidente que o estado do cérebro afeta todos os fenômenos intelectuais e que ele é fator imediato de alguns dentre eles (sensações puras). Mas, por outro lado, resulta do que precede que a vida representativa não é inerente à natureza intrínseca da matéria nervosa, já que ela subsiste em parte por suas próprias forças e que ela tem suas maneiras de ser, que lhe são especiais. A representação não é um simples traço do estado em que se encontra o elemento nervoso no momento em que ela tem lugar, já que ela permanece enquanto esse estado não mais, e já que as relações das representações de uma natureza outra que as dos elementos nervosos subjacentes. Ela é alguma coisa de novo, que alguns traços da célula contribuem certamente para produzir, mas não bastam para constituir já que ela a eles subsiste e manifesta propriedades diferentes. Mas dizer que o estado psíquico não deriva diretamente da célula, é dizer que ele não está incluído, que ele se forma, em parte, fora dela e que, na mesma medida, ele lhe é exterior. Se ele existisse por ela, ele existiria nela já que sua realidade não lhe viria de outra parte.

Ora, quando dissemos em outro lugar que os fatos sociais são, num sentido, independentes dos indivíduos e exteriores às consciências individuais, só fizemos por afirmar, do reino social, o que acabamos de estabelecer a respeito do reino psíquico. A sociedade tem por substrato o conjunto dos indivíduos associados. O sistema que eles formam quando se unem, e que varia segundo sua disposição sobre a superfície do território, a natureza e o número de vias de comunicação, constitui a base sobre a qual se eleva a vida social. As representações que são sua trama se livram das relações que se estabelecem entre os indivíduos assim combinados ou entre os grupos secundários que se intercalam entre o indivíduo e a sociedade total. Todavia, se não se vê nada de extraordinário em as representações individuais, produzidas pelas ações e as reações trocadas entre os elementos nervosos, não serem inerentes a esses elementos, que haveria de surpreendente em as representações coletivas, produzidas pelas ações e reações trocadas entre as consciências elementares de que é feita a sociedade, não derivarem diretamente dessas últimas e, em conseqüência, as ultrapassam? A relação que, na concepção, une o substrato social à vida social é em todos os pontos análogo ao que se deve admitir entre o substrato fisiológico e a vida psíquica dos indivíduos, se não se quer negar toda psicologia propriamente dita. As mesmas conseqüências devem, portanto, se produzir de uma parte e de outra. A independência, a exterioridade relativa dos fatos sociais por relação aos indivíduos é mesmo mais imediatamente aparente que a dos fatos mentais por relação às células cerebrais; afinal, os primeiros ou, ao menos, os mais importantes dentre eles, carregam, de uma maneira visível, a marca de sua origem. Com efeito, se talvez se possa contestar que todos os fenômenos sociais, sem exceção, se impõem de fora ao indivíduo, a dúvida não parece possível para o que abrange as crenças e as práticas religiosas, as regras da moral, os inumeráveis preceitos do direito, isto é, para as manifestações mais características da vida coletiva. Todos são expressamente obrigatórios; todavia, a obrigação é a prova de que essas maneiras de agir e de pensar não são obra do indivíduo, mas emanam de uma potência moral que o ultrapassa, que se o imagina misticamente sob a forma de um bem ou que disso se faça uma concepção mais temporal e mais científica.[13] A mesma lei se encontra, portanto, nos dois reinos.

Ela se explica, por outro lado, da mesma maneira nos dois casos. Se se pode dizer, em certos traços, que as representações coletivas são exteriores às consciências individuais, é que elas não derivam dos indivíduos tomados isoladamente, mas de seu concurso; o que é bem diferente. Sem dúvida, na elaboração do resultado comum, cada um tem a sua contribuição; mas os sentimentos privados se tornam sociais somente ao se combinar sob a ação das forças *sui generis* que a associação desenvolve; em conseqüência dessas combinações e das alterações mútuas que aí resultam, eles *se tornam outra coisa*. Uma síntese química se produz,

---

[13] E se o caráter de obrigação e de coerção é essencial a tais fatos, tão eminentemente sociais, o quão é verossímil, antes de qualquer exame, que ele se encontra igualmente, ainda que menos visível, nos outros fenômenos sociológicos! Afinal, não é possível que os fenômenos de mesma natureza difiram nesse ponto, que uns penetrem o indivíduo do exterior e que outros resultem de um processo oposto.
Sobre esse assunto, retifiquemos uma interpretação inexata que foi feita do nosso pensamento. Quando dissemos da obrigação ou da coerção que ela era a característica dos fatos sociais, nós de maneira alguma pensamos em dar dessa forma uma explicação sumária dessas últimas; nós quisemos somente indicar um sinal cômodo pelo qual o sociólogo pode reconhecer os fatos que dependem da sua ciência.

que concentra, unifica os elementos sintetizados e, por isso mesmo, os transforma. Já que essa síntese é obra do todo, é o todo que ela tem como teatro. A resultante que aí se revela transcende, portanto, cada espírito individual, como o todo transcende a parte. Ela está no conjunto, da mesma maneira que ela existe para o conjunto. Eis aí em qual sentido ela é exterior aos particulares. Sem dúvida, cada um contém alguma coisa dele; mas ela não existe inteira em nenhum. Para saber o que ela é verdadeiramente, é o agregado em sua totalidade que é preciso levar em consideração.[14] É ele que pensa, que sente, que vê, ainda que ele só possa querer, sentir ou agir pela intermediação de consciências particulares. Eis aí, também, como o fenômeno social não depende da natureza pessoal dos indivíduos. É que, na fusão da qual ele resulta, todos os traços individuais, sendo divergentes por definição, se neutralizam e se aniquilam mutuamente. Somente as propriedades mais gerais da natureza humana subsistem; e, precisamente por causa de sua extrema generalidade, elas não poderiam justificar as formas tão especiais e tão complexas que caracterizam os fatos coletivos. Não é que elas não existam para ninguém no resultado; mas elas são somente suas condições mediatas e distantes. Ele não se produziria se elas o excluíssem; mas não são elas que o determinam.

Ora, a exterioridade dos fatos psíquicos com relação às células cerebrais não tem outras causas e não é de outra natureza. Nada, com efeito, autoriza supor que uma representação, por mais elementar que seja, possa ser diretamente produzida por uma vibração celular, de uma intensidade e de uma tonalidade determinadas. Mas não existe sensação à qual não concorra um certo número de células. A maneira pela qual se fazem as localizações cerebrais não permite outra hipótese; afinal, as imagens não sustentam jamais relações definidas, senão com zonas mais ou menos extensas. Pode ser até que o cérebro inteiro participe na elabora-

---

[14] Cf. nosso livro sobre *Le suicide*, pp. 345-363.

ção da qual elas resultam; é o que parece demonstrar o fato das subsunções. Enfim, é também, parece, a única maneira de compreender como a sensação depende do cérebro ao constituir um fenômeno novo. Ela depende porque é composta de modificações moleculares (do contrário, do que seria ela feita, ou de onde viria?); mas ela é ao mesmo tempo outra coisa porque ela resulta de uma síntese nova e *sui generis* na qual essas modificações entram como elementos, mas na qual elas são transformadas pelo fato mesmo de sua fusão. Sem dúvida, ignoramos como movimentos podem, ao se combinar, dar origem a uma representação. Mas não sabemos mais que isso de que maneira um movimento de transferência pode, quando é interrompido, transformar-se em calor ou vice-versa. Entretanto, não se põe em dúvida a realidade dessa transformação; o que é que, então, a primeira tem de impossível? Mais geralmente, se a objeção fosse válida, seria preciso negar toda mudança; afinal, entre um efeito e suas causas, uma resultante e seus elementos, existe sempre uma distância. É assunto da metafísica encontrar uma concepção que torne essa heterogeneidade representável; para nós, basta que a sua existência não pode ser contestada.

Mas, então, se cada idéia (ou ao menos cada sensação) é devida à síntese de um certo número de estados celulares, combinados juntos a partir das leis por forças ainda desconhecidas, é evidente que ela não pode ser prisioneira de nenhuma célula determinada. Ela escapa a alguma porque nenhuma é suficiente para suscitá-la. A vida representativa não pode ser dividida de uma maneira definida entre os diversos elementos nervosos, já que não há representação à qual não colaborem vários desses elementos; mas *ela só pode existir no todo formado por sua reunião, como a vida coletiva só existe no todo formado pela reunião dos indivíduos.* Nem uma, nem outra, é composta de partes determinadas que sejam atribuíveis a partes determinadas de seus substratos respectivos. Cada estado psíquico assim se encontra, em face da constituição própria das células nervosas, nas mesmas condições de independência relativa em que estão os fenômenos sociais em face das naturezas individuais. Como ele não se reduz a uma modificação molecular simples, ele não está à mercê das modificações desse gênero que podem se produzir isoladamente sobre os diferentes pontos do encéfalo; apenas, as forças físicas que afetam o grupo inteiro de células podem também afetá-lo. Mas ele não tem necessidade, para poder durar, de ser perpetuamente sustentado e como recriado sem interrupção por um contínuo aporte de energia nervosa. Para reconhecer ao espírito essa autonomia limitada que é, no fundo, tudo o que contém de positivo e de essencial nossa noção de *espiritualidade,* não é necessário portanto imaginar uma alma, separada de seu corpo, e levando não sei em qual meio ideal uma existência de sonho e solitária. A alma está no mundo; ela mistura sua vida com a das coisas e se pode dizer, se se quiser, de todos os nossos pensamentos que eles estão no cérebro. É preciso somente acrescentar que, no interior do cérebro, elas não são localizáveis a rigor, elas não estão aí situadas em pontos definidos inclusive enquanto estão relacionadas mais com uma região do que com outras. A ela apenas, essa difusão é suficiente para provar que elas são alguma coisa de específico; afinal, para que elas sejam assim difusas, é preciso com toda necessidade que seu modo de composição não seja o da massa cerebral e que, por conseqüência, elas tenham uma maneira de ser que lhes seja especial.

    Aqueles, portanto, que nos acusam de jogar para o alto a vida social porque nos recusamos a absorvê-la na consciência individual, não perceberam, sem dúvida, todas as conseqüências de sua objeção. Se ela fosse fundada, ela se aplicaria também às relações entre o espírito e o cérebro; por conseqüência, seria preciso, para ser lógico, absorver também o pensamento na célula e retirar da vida mental toda especificidade. Mas eis que caímos nas inextrincáveis dificuldades que tínhamos indicado. Não só isso; partindo do mesmo princípio, deveremos dizer igualmente que as propriedades da vida residem nas partículas de oxigênio, de hidrogênio, de carbono e de azoto[15] que compõem o protoplasma vivo; afinal, ele não contém nada fora dessas partículas minerais, da mesma maneira que a sociedade não contém nada fora dos indivíduos.[16] Todavia, pode ser que aqui a impossibilidade da concepção que combatemos apareça com mais evidência ainda do que nos casos precedentes. Em primeiro lugar, como os movimentos vitais poderiam ter como sede elementos que não estão vivos? Depois, como as propriedades características da vida se repartiram entre esses elementos? Elas não teriam como se encontrar igualmente em todos, já que são de diferentes espécies; o oxigênio não pode exercer o mesmo papel que o carbono, nem revestir as mesmas propriedades. Não é menos admissível que cada traço da vida se encarne num grupo diferente de átomos. A vida não se divide assim; ela é uma e, em conseqüência, ela pode ter como sede somente a consciência viva em sua totalidade. Ela está no todo, não nas partes. Se, portanto, para bem fundá-la, não é necessário dispersá-la entre as forças elementares de que ela é resultante, por que seria de outra forma no caso do pensamento individual com relação às células cerebrais, e dos fatos sociais com relação aos indivíduos?

Em definitivo, a sociologia individualista faz somente aplicar à vida social o princípio da velha metafísica materialista: ela pretende, com efeito, explicar o complexo pelo simples, o superior pelo inferior, o todo pela parte, o que é uma contradição nos termos. Certamente, o princípio contrário não nos parece menos insustentável; não seria mais possível, com a metafísica idealista e teológica, derivar a parte do todo, afinal o todo não é nada sem as partes que o compõem e ele não pode tirar do nada aquilo de que tem necessidade para existir. Falta, portanto, explicar os fenômenos que se produzem no todo pelas propriedades características

---

[15] Nitrogênio. (NT)
[16] Pelo menos, os indivíduos são os seus únicos elementos ativos. Para falar exatamente, a sociedade também compreende coisas.

do todo, o complexo pelo complexo, os fatos sociais pela sociedade, os fatos vitais e mentais pelas combinações *sui generis* das quais eles resultam. É o único caminho que a ciência pode seguir. Não é o caso de dizer que, entre os diferentes estados do real, existam soluções de continuidade. O todo se forma somente pelo agrupamento das partes e o agrupamento não é feito num instante, por um brusco milagre; existe uma série infinita de intermediários entre o estado de isolamento puro e o estado de associação caracterizada. Mas, à medida que a associação se constitui, ela dá origem a fenômenos que não derivam diretamente da natureza dos elementos associados; e quanto mais essa independência parcial é marcada, mais numerosos e mais poderosamente sintetizados são seus elementos. É daí, sem dúvida, que vêm a elasticidade, a flexibilidade, a contingência que as formas superiores do real manifestam com relação às formas inferiores, no interior das quais, todavia, elas regam suas raízes. Com efeito, quando uma maneira de ser ou de fazer depende de um todo, sem depender imediatamente das partes que o compõem, ela goza, graças a essa difusão, de uma ubiqüidade que a libera até certo ponto. Como ela não é alçada a um ponto determinado do espaço, ela não está sujeita a condições de existência muito limitadas estreitamente. Se alguma causa a inclina a variar, as variações encontrarão menos resistência e se produzirão mais facilmente porque elas têm, de uma certa maneira, mais terreno para se mover. Se algumas partes a isso se recusam, outras poderão ter o ponto de apoio necessário ao novo arranjo, sem estarem obrigadas, por isso, a se rearranjar elas mesmas. Eis aí, ao menos, como se pode conceber que um mesmo órgão possa se submeter a funções diferentes, que as diferentes regiões do cérebro possam substituir umas às outras, que uma mesma instituição social possa sucessivamente cumprir os fins mais variados.

Também, ao residir no substrato coletivo pelo qual ela se associa ao resto do mundo, a vida coletiva, todavia, não reside aí de maneira a fundir-se com ele. Ela lhe é, ao mesmo tempo, dependente e distinta, como a função o é do órgão. Sem dúvida, como ela lhe sai – afinal, ao contrário, de onde ela viria? – as formas que ela reveste no momento em que se livra dele e que são, em conseqüência, fundamentais, levam a marca de sua origem. Eis por que a matéria primeira de toda consciência social está estreitamente em relação com o conjunto dos elementos sociais, a maneira pela qual eles estão agrupados e distribuídos, etc., isto é, com a natureza do substrato. Mas uma vez que um primeiro fundo de representações está assim constituído, elas se tornam, pelas razões que disséramos, realidades parcialmente autônomas que vivem uma vida própria. Elas têm o poder de se chamar, de se distanciar, de formar entre elas sínteses de todas as espécies, que são determinadas por suas afinidades naturais e não pelo estado do meio no interior do qual evoluem. Em conseqüência, as representações novas, que são o produto dessas sínteses, são de mesma natureza: elas têm como causas próximas outras representações coletivas, não tal ou qual característica da estrutura social. É na evolução religiosa que se acham, talvez, os mais contundentes exemplos desse fenômeno. Sem dúvida, é impossível compreender como o panteão grego ou romano é formado, se não se conhece a constituição da cidade, a maneira pela qual os clãs primitivos se misturam pouco a pouco uns com os outros, a maneira pela qual a família patriarcal se organiza, etc. Mas, por outro lado, essa vegetação luxuriante de mitos e de lendas, todos esses sistemas teogônicos, cosmológicos, etc., que o pensamento religioso constrói, não se ligam diretamente a particularidades determinadas de morfologia social. E eis o que faz com que por vezes se desconheça a característica social da religião: crê-se que ela se formou, em grande parte, sob a influência de causas extra-sociológicas porque não se via liame imediato entre a maior parte das crenças religiosas e a organização das sociedades. Mas, nessas condições, seria preciso igualmente pôr fora da psicologia tudo o que passa a pura sensação. Afinal, se as sensações, esse fundo primeiro da consciência individual, só podem se explicar pelo estado do cérebro e dos órgãos – do contrário, de onde viriam elas? – uma vez que elas existem, elas se compõem entre si a partir das leis de que nem a morfologia, nem a fisiologia cerebral, conseguem explicar. Daí vêm as imagens, e as imagens, agrupando-se por sua vez, tornam-se conceitos, e, à medida que estados novos e acrescentam assim aos antigos, como eles são separados por intermediários mais numerosos dessa base orgânica sobre a qual, todavia, pousa toda a vida mental, eles lhe são também menos imediatamente independentes. Entretanto, eles não deixam de ser psíquicos; é mesmo neles que se podem observar melhor os atributos característicos da mentalidade.[17]

Pode ser que esses paralelos servirão para fazer compreender melhor por que nos engajamos com tanta insistência a distinguir a sociologia da psicologia individual.

Trata-se simplesmente de introduzir e de aclimatar na sociologia uma concepção paralela àquela que tende a prevalecer mais e mais na psicologia. Depois de uma dezena de anos, com efeito, uma grande novidade se produzir nessa última ciência: interessantes esforços foram feitos para chegar a constituir uma psicologia

---

[17] Vê-se por aí qual inconveniente existe em definir os fatos sociais: os fenômenos que se produzem na sociedade, mas pela sociedade. A expressão não é exata; afinal, existem fatos sociológicos, e não são os menores, que são os produtos, não da sociedade, mas de produtos sociais já formados. É como se se definissem os fatos psíquicos como os que são produzidos pela ação de todas as células cerebrais ou por um certo número dentre elas. Em todo caso, uma tal definição não pode servir para determinar e para circunscrever o objeto da sociologia. Afinal, essas relações de derivação não podem ser estabelecidas senão ao mesmo tempo e na medida em que a ciência avança; quando se inicia a investigação, não se sabe quais são os fenômenos que se propõe estudar e mesmo não se os conhece senão em parte. É preciso, portanto, bem delimitar a partir de um outro critério o campo de investigação, se não quisermos deixá-lo indeterminado, isto é, se se quiser saber do que se está tratando.
Quanto ao processo em virtude do qual se formam esses produtos sociais do segundo escalão, se ele não é sem analogia com aquele que se observa na consciência individual, ele não deixa de ter uma fisionomia que lhe é própria. As combinações das quais resultam os mitos, as teogonias, as cosmogonias populares não são idênticas às associações de idéias que se formam nos indivíduos, ainda que umas e outras possam se esclarecer mutuamente. Existe toda uma parte da sociologia que deveria investigar as leis da ideação coletiva e que ainda está totalmente por se fazer.

que fosse propriamente psicológica, sem outro epíteto. O antigo introspeccionismo se contentava em descrever os fenômenos mentais sem explicá-los; a psicofisiologia os explicava, mas lhes deixava de lado, como negligenciáveis, seus traços distintivos, uma terceira escola está em vias de se formar, que procura explicá-los ao lhes conceder sua especificidade. Para os primeiros, a vida psíquica tem uma natureza própria, mas que, colocando-a completamente à parte no mundo, eleva-a aos procedimentos ordinários da ciência; para os últimos, ao contrário, ela não é nada por ela mesma e o papel do estudioso é afastar essa camada superficial para atingir em seguida as realidades que ela recobre; mas dos dois lados se ouve falar somente de um tênue cortinado de fenômenos, transparente ao olhar da consciência segundo uns, desprovido de toda consistência segundo outros. Todavia, recentes experiências nos mostraram que seria preciso antes conservá-la como um vasto sistema de realidades *sui generis*, feito de um grande número de camadas mentais superpostas umas sobre as outras, profunda demais e complexa demais para que a simples reflexão baste para penetrar seus mistérios, especial demais para que considerações puramente fisiológicas possam explicá-las. É assim que essa espiritualidade pela qual se caracterizam os fatos intelectuais, e que parecia há pouco colocá-los seja acima, seja abaixo da ciência, torna-se ela mesma o objeto de uma ciência positiva e, entre a ideologia dos introspeccionistas e o naturalismo biológico, funda-se um naturalismo psicológico cuja legitimidade o presente artigo talvez ajude a elucidar.

Uma transformação semelhante deve ser realizada na sociologia, e é justamente para tal propósito que se voltam todos os nossos esforços. Se não há pensadores o bastante que ousem colocar abertamente os fatos sociais fora da natureza, muitos ainda acreditam que basta, para fundá-los, dar-lhes como fundamento a consciência do indivíduo; alguns chegam até mesmo a reduzi-las às propriedades gerais da matéria organizada. Para uns e para outros, por conseqüência, a sociedade não é nada por ela mesma; é somente um epifenômeno da vida individual (orgânica ou mental, não importa), da mesma forma que a representação individual, segundo Maudsley e seus discípulos, é somente um epifenômeno da vida física. A primeira não teria outra representação além daquela que lhe comunica o indivíduo, como a segunda não teria outra existência do que aquela que lhe dá a célula nervosa, e a sociologia seria apenas uma psicologia[18] aplicada. Mas o exemplo mesmo da psicologia demonstra que essa concepção da ciência deve ser abandonada. Para além da ideologia dos psicossociólogos, como para além do naturalismo materialista da sócio-antropologia, existe lugar para um naturalismo sociólogo que vê nos fenômenos sociais fatos específicos e que tenta justificá-los ao respeitar religiosamente sua especificidade. Nada mais estranho, portanto, do que a confusão a partir da qual se reprovou de vez em quando uma espécie de materialismo. Muito pelo contrário, do ponto de vista de onde nos colocamos, se se chamar de espiritualidade a propriedade distintiva da vida representativa no indivíduo, dever-se-á dizer da vida social que ela se define por uma hiperespiritualidade; entendemos por isso que os atributos constitutivos da vida psíquica aí se encontram, mas elevados a uma potência muito mais alta e de maneira a constituir alguma coisa de inteiramente novo. Malgrado seu traço metafísico, o termo não designa portanto nada mais que um conjunto de fatos naturais, que devem se explicar por causas naturais. Mas ele nos adverte que o mundo novo que está assim aberto à ciência ultrapassa todos os outros em complexidade; que isso não é simplesmente uma forma ampliada dos reinos inferiores, mas que aí intervêm forças que são ainda desapercebidas e cujas leis não podem ser descobertas unicamente pelos procedimentos da análise interior.

---

[18] Quando dizemos psicologia simplesmente, entendemos psicologia individual, e seria conveniente, para a clareza das discussões, restringir dessa forma o sentido do termo. A psicologia coletiva, é a psicologia na sua inteireza; por que não se servir unicamente dessa última expressão? Inversamente, o termo psicologia sempre designou a ciência da mentalidade no indivíduo; por que não lhe conservar essa significação? Evitaríamos dessa forma muitos equívocos.

Capítulo 2

Determinação do fato moral *

Teses

A realidade moral, como toda espécie de realidade, pode ser estudada a partir de dois diferentes pontos de vista. Pode-se buscar conhecê-la e compreendê-la; ou antes, pode-se propor julgá-la. O primeiro desses problemas, que é inteiramente teórico, deve necessariamente preceder o segundo. É o único que será tratado aqui. Far-se-á somente ver, ao final, como o método seguido e as soluções adotadas deixam inteiro o direito de abordar, em seguida, o problema prático.

Por outro lado, para poder estudar teoricamente a realidade moral, é indispensável determinar preliminarmente em que consiste o fato moral; afinal, para poder observá-lo, é preciso ainda saber o que o caracteriza, a qual sinal ele pode ser reconhecido. É esta questão que será tratada em primeiro lugar. Investigar-se-á, em seguida, se é possível encontrar uma explicação satisfatória dessas características.

---

* Extraído do *Bulletin de la Société française de Philosophie* [Boletim da Sociedade francesa de Filosofia]. Émile Durkheim fizera chegar, aos membros da Sociedade, as *teses* que reproduzimos aqui. Consideramo-las resultado de uma parte da discussão que teve lugar na sessão de 11 de fevereiro de 1906. (Nota dos Editores de 1924)

I

Quais são as características distintivas do fato moral?

Toda moral apresenta-se a nós como um sistema de regras de conduta. Mas todas as técnicas são igualmente regidas por máximas que prescrevem ao agente como ele deve se conduzir em circunstâncias determinadas. O que, portanto, diferencia as regras morais das outras?

1º Mostrar-se-á que as regras morais são investidas de uma autoridade especial em virtude da qual elas são obedecidas porque ordenam. Redescobrir-se-á assim, mas por uma análise puramente empírica, a noção do dever, da qual será dada uma definição bem próxima daquela que Kant dera. A obrigação constitui portanto uma das primeiras características da regra moral.

2º Mas, contrariamente ao que disse Kant, a noção do dever não extingue a noção da moral. É impossível que consumemos um ato unicamente porque ele nos é comandado, sem levarmos em consideração seu conteúdo. Para que possamos nos tornar seu agente, é preciso que ele interesse em alguma medida a nossa sensibilidade, que ele nos apareça sob algum traço como *desejável*. A obrigação ou o dever exprime somente, portanto, um dos traços, e um traço abstrato, da moral. Uma certa *desejabilidade* é uma outra característica, não menos essencial que a primeira.

Somente alguma coisa da natureza do dever se encontra nessa *desejabilidade* do traço moral. Se é verdade que o conteúdo do ato nos chama, todavia está em sua natureza não poder ser consumado sem esforço, sem uma coerção sobre si. O impulso, mesmo entusiasta, com o qual podemos agir moralmente, nos lança para fora de nós mesmos, nos eleva acima de nossa natureza, o que não se dá sem sacrifício, sem contenção. É a esse desejável *sui generis* que se dá usualmente o nome de bem.

O bem e o dever são as duas características sobre as quais crê-se útil insistir particularmente – sem que se queira negar que aí possa haver outras. Ocuparemo-nos de mostrar que todo ato moral apresenta essas duas características, ainda que elas possam ser combinadas segundo proporções variáveis.

Para fazer perceber como a noção do fato moral pode apresentar esses dois traços, em parte contraditórios, comparemo-la à noção do *sagrado,* apresenta a mesma dualidade. O ser sagrado é, num sentido, o ser proibido, que não se ousa violar; é também o ser bom, amado, procurado. A comparação entre essas duas noções será justificada: 1º Historicamente, por relações de parentesco e de filiação que existam entre elas; 2º Por exemplos emprestados de nossa moral contemporânea. A personalidade humana é coisa sagrada; não se ousa violá-la, mantém-se à distância do cinturão da pessoa, ao mesmo tempo em que o bem por excelência é a comunhão com o outro.

II

Determinadas estas características, gostaríamos de explicá-las, isto é, encontrar um meio de fazer compreender de onde vem a existência de preceitos aos quais devemos obedecer porque ordenam, e que exigem de nós atos desejáveis por essa particular razão que há pouco se definiu. Na verdade, uma resposta metódica a essa questão supõe um estudo tão exaustivo quanto possível das regras particulares cujo conjunto constitui nossa moral. Mas na falta desse método, inaplicável na circunstância, é possível chegar, por procedimentos mais sumários, a resultados que não são sem valor.

Ao interrogar a consciência moral contemporânea (cujas respostas podem, por outro lado, ser confirmadas pelo que sabemos sobre as morais de todos os povos conhecidos), pode-se estabelecer um consenso sobre os pontos seguintes: 1º Jamais, de fato, a qualificação de moral foi aplicada a um ato que tem por objeto o interesse somente do indivíduo, ou a perfeição do indivíduo entendida de uma maneira puramente egoísta; 2º Se o indivíduo que eu sou não constitui um fim que tenha *por si mesmo* um traço moral, o mesmo vale necessariamente para os indivíduos que a mim são semelhantes e que só diferem de mim ora em maior, ora em menor grau; 3º Donde se concluirá que, se existe uma moral, ela só pode ter como objetivo o grupo formado por uma pluralidade de indivíduos associados, isto é, a sociedade, sob a condição todavia de que a sociedade possa ser considerada como uma personalidade qualitativamente diferente das personalidades individuais que a compõem. A moral começa, portanto, ali onde começa a ligação com um grupo, qualquer que seja este.

Posto isto, as características do fato moral são explicáveis: 1º Mostraremos como a sociedade é uma coisa boa, desejável para o indivíduo, que não pode existir fora dela, que não pode negá-la sem se negar: como ao mesmo tempo, porque ela ultrapassa o indivíduo, este não pode querê-la e desejá-la sem cometer alguma violência com sua natureza de indivíduo; 2º Mostraremos em seguida como a sociedade, ao mesmo tempo em que é uma coisa boa, é uma autoridade moral que, ao se comunicar com certos preceitos de conduta que o valorizam particularmente, lhes confere um caráter obrigatório.

Esforçar-nos-emos, por outro lado, por estabelecer como certos fins – a dedicação interindividual, a dedicação do estudioso à ciência – que não são fins morais por si mesmos, participam, entretanto, desse caráter de uma maneira indireta e por derivação.

Enfim, uma análise dos sentimentos coletivos explicará o caráter sagrado que é atribuído às coisas morais; análise que, por outro lado, será apenas uma confirmação da precedente.

III

Objeta-se a essa concepção que ela submete o espírito à opinião moral reinante. Não é nada disso. Afinal a sociedade que a moral nos prescreve querer, não é a sociedade tal como aparece a ela mesma, mas a sociedade tal como existe ou tende realmente a existir. Todavia, a consciência que a sociedade tem dela mesma e pela opinião pode ser inadequada à realidade subjacente. Pode ser que a opinião seja plena de arcaísmos, atrasada a respeito do estado real da sociedade; pode ser que, sob a influência de circunstâncias passageiras, alguns princípios, mesmo essenciais da moral existente sejam, por algum tempo, rejeitadas no inconsciente e sejam, a partir daí, como se não existissem. A ciência da moral permite retificar esses erros, dos quais daremos exemplos.

Porém, será mantido que jamais se pode esperar outra moral além daquela que é reclamada pelo estado social da época. Esperar uma outra moral além da que está implicada na natureza da sociedade, é negar esta e, em conseqüência, negar a si mesmo.

Faltaria examinar se o homem deve se negar; a questão é legítima, mas não será examinada. Postularemos que temos razão em querer viver.

Discussão

Sr. DURKHEIM – Devo, antes de tudo, expor brevemente a dificuldade na qual me encontro. Ao aceitar tratar *ex abrupto*[19] uma questão tão geral como a que é anunciada na segunda parte do programa que distribuí aos senhores, devo cometer uma pequena violência contra meu método habitual e minha maneira costumeira de proceder. Certamente, no curso que ministro há quatro anos na Sorbonne sobre a ciência dos costumes, teórica e aplicada, não creio abordar esta questão; somente, enquanto nos livros clássicos é ela que se aborda em primeiro lugar, eu só a encontro ao final da investigação: eu tento explicar as características do fato moral somente após ter empenhadamente passado

---

[19] Abruptamente. (NT)

em revista o detalhe das regras morais (moral doméstica, moral profissional, moral cívica, moral contratual), após ter mostrado as causas que lhes deram origem e as funções que elas exercem – na medida em que os dados da ciência o permitem atualmente. Recolho assim, durante o percurso, diversas noções que se extraem diretamente do estudo dos fatos morais, e, tão logo venho a colocar o problema geral, sua solução já está preparada; ela se baseia em realidades concretas e o espírito é habilitado para ver as coisas sob o ângulo que convém. Também, ao expor aqui minhas idéias sem fazê-las preceder desse aparato de provas, sou obrigado a produzi-las desarmadas o bastante e deverei substituir freqüentemente demonstração científica, que é impossível, por uma argumentação puramente dialética.

Porém, acredito que, entre pessoas de boa-fé, a dialética não é nunca coisa vã, sobretudo nesse domínio moral, onde, pesar de todos os fatos de que se pode recordar, as hipóteses guardam sempre um grandioso lugar. Além disso, o que me tem tentado, é o lado pedagógico da questão; acredito que desse ponto de vista, as idéias que vou expor podem encontrar um lugar no ensinamento da moral, ensinamento que, hoje, está longe de ter a vida e a ação que seriam desejáveis.

(I)

A realidade moral se apresenta a nós sob dois aspectos diferentes, que é necessário distinguir claramente: o aspecto *objetivo* e o aspecto *subjetivo.*

Para cada povo, num momento determinado de sua história, existe uma moral, e é em nome dessa moral reinante que os tribunais condenam e que a opinião julga. Para um dado grupo, existe uma certa moral bem definida. Postulo então, apoiando-me nos fatos, que existe uma moral comum, geral a todos os homens que pertencem a uma coletividade.

Agora, além dessa moral, existe uma multidão de outras, uma multidão indefinida. Cada indivíduo, com efeito, cada consciência moral exprime a moral comum à sua maneira; cada indivíduo a compreende, a vê sob um ângulo diferente; pode ser que nenhuma consciência seja inteiramente adequada à moral de seu tempo e se poderia dizer que sob certos aspectos não existe uma consciência moral que não seja imoral por certos aspectos. Cada consciência, sob a influência do meio, da educação, da hereditariedade, vê as regras morais sob um dia particular; determinado indivíduo sentirá vivamente as regras da moral cívica, e fragilmente as regras da moral doméstica, ou o inverso. Outro indivíduo terá o sentimento profundo do respeito aos contratos, à justiça, que só terá uma representação pálida e ineficaz dos deveres da caridade. Mesmo os aspectos mais essenciais da moral são percebidos diferentemente pelas diferentes consciências.

Eu não tratarei aqui dessas duas espécies de realidade moral, mas somente da primeira. Eu me ocuparei somente da realidade moral objetiva, aquela que serve de ponto de referência comum e impessoal para julgar as ações. A própria diversidade das consciências morais individuais demonstra que é impossível ver desse lado, quando se quer determinar o que é a moral. Investigar quais condições determinam essas variações individuais da moral, seria sem dúvida um objeto de estudos psicológicos interessantes, mas que não teria como servir ao objetivo que aqui perseguimos.

Por isso, mesmo que eu me desinteresse da maneira pela qual tal ou qual indivíduo apresenta a moral a si mesmo, deixo de lado a opinião dos filósofos e dos moralistas. Eu não levo em nenhuma consideração seus ensaios sistemáticos feitos para explicar ou construir a realidade moral, salvo na medida em que há boas razões para ver aí uma expressão, mais ou menos adequada, da moral de seu tempo. Um moralista é antes de tudo uma consciência mais ampla que as consciências medianas, na qual as grandes correntes morais vêm se encontrar, que em conseqüência acolhe uma porção mais considerável da realidade moral. Mas quanto a considerar suas doutrinas como explicações, como expressões científicas da realidade moral passada ou presente, a isto eu me recuso.

Eis aí, portanto, o objeto da investigação determinada, eis aí definida a espécie de realidade moral que iremos estudar. Mas essa mesma realidade pode ser considerada de dois pontos de vista diferentes:

1º Pode-se procurar conhecê-la e compreendê-la;

2º Pode-se propor julgá-la, apreciando num dado momento o valor de uma moral determinada.

Eu não irei tratar aqui desse segundo problema; é pelo primeiro que é preciso começar. Sendo dado desarranjo atual das idéias morais, é indispensável proceder com método, começar pelo começo, partir de fatos sobre os quais se pode concordar, para ver onde as divergências se manifestam. Para poder julgar, apreciar o valor da moral comum para julgar o valor da vida ou o valor da natureza (afinal, os juízos de valor podem se aplicar a toda realidade), é preciso começar por conhecer a realidade moral.

Ora, a primeira condição, para poder estudar teoricamente a realidade moral, é saber onde ela está. É preciso poder reconhecê-la, distingui-la das outras realidades, logo é preciso defini-la. Não é que possa ser questão dar-lhe uma definição filosófica, tal como se lhe pode dar uma vez que esteja avançada a investigação. Tudo o que é possível e útil fazer, é dar-lhe uma definição inicial, provisória, que nos permita pôr um consenso sobre a realidade de que nos ocupamos, definição indispensável, sob pena de não sabermos do que estamos falando.

A primeira questão que se coloca, como no início de toda investigação científica e racional, é portanto, a seguinte: por quais características se pode reconhecer e distinguir os fatos morais?

A moral se nos apresenta como um conjunto de máximas, de regras de conduta. Mas existem outras regras além das regras morais, que nos prescrevem maneiras de agir. Todas as técnicas utilitárias são governadas por sistemas de regras análogas. É preciso investigar a característica diferencial das regras morais. Consideremos, portanto, o conjunto das regras que regulam a conduta sob todas as formas, e nos questionemos se não existem aí formas que apresentam características particulares especiais. Se nós constatamos que as regras que apresentam as características assim determinadas bem respondem à concepção que todo mundo se faz globalmente[20] das regras morais, poderemos lhe aplicar a rubrica usual e dizer que estão aí as características da realidade moral.

Para chegar a um resultado qualquer nessa investigação, há apenas uma maneira de proceder; é preciso que descubramos as diferenças intrínsecas que separam as regras morais das outras, segundo as diferenças que se revelam em suas manifestações exteriores; afinal, no início da investigação, o exterior apenas nos é acessível. É preciso que encontremos um reagente que obrigue de alguma maneira as regras morais a traduzir exteriormente seu caráter específico. O reagente que iremos empregar é o seguinte: iremos investigar o que ocorre quando essas diversas regras são violadas, e veremos se não se produz nada que diferencie, sob esse ponto de vista, as regras morais das regras das técnicas.

Quando uma regra é violada, geralmente são produzidas, para o agente, conseqüências que lhe são penosas. Porém, dentre essas conseqüências penosas, podemos distinguir dois tipos:

1º Algumas resultam mecanicamente do ato de violação. Se eu violo a regra de higiene que me ordena me preservar de contatos suspeitos, o resultado desse ato se produz automaticamente, a saber: a doença. O ato consumado origina a partir dele mesmo a conseqüência que dele resulta e, ao analisar o ato, pode-se por antecipação saber a conseqüência que aí está analiticamente implicada.

---

[20] A noção científica assim construída não procura de forma alguma reproduzir exatamente a noção vulgar, que pode estar equivocada. O vulgar pode recusar a qualificação de morais a regras que apresentam todas as características dos preceitos morais. Tudo o que é preciso, é que a distância não seja tão considerável a ponto de haver inconvenientes em preservar a expressão usual. É assim que o zoólogo fala de peixes, se bem que seu conceito de peixes não seja idêntico àquele do vulgar.

2º Mas quando eu violo a regra que me ordena não matar, eu faço bem em analisar o meu ato, aí não encontrarei jamais a censura ou o castigo; existe entre o ato e sua conseqüência uma heterogeneidade completa; é impossível abstrair *analiticamente* da noção de morte ou de homicídio, a menor noção de censura, de empanamento. O vínculo que reúne o ato e sua conseqüência é, aqui, um vínculo *sintético.*

Chamo de *sanção* as conseqüências assim associadas ao ato por um vínculo sintético. Esse vínculo, não sei ainda de onde ele vem, qual é a sua origem ou sua razão de ser; eu não constato sua existência e sua natureza sem ir, no presente momento, mais longe.

Mas podemos aprofundar essa noção. Já que as sanções não resultam analiticamente do ato ao qual estão associadas, eis portanto que, provavelmente, eu não sou punido, censurado, *porque* consumei tal ou qual ato. Não é a natureza intrínseca do meu ato que acarreta a sanção. Esta não vem do ato ser este ou aquele, mas vem do ato não estar conforme à regra que o proscreve. E com efeito, um mesmo ato, feito dos mesmos movimentos, tendo os mesmos resultados materiais será censurado ou não desde que exista ou não uma regra que o proíba. É, portanto, a existência dessa regra e a relação que o ato mantém com ela que determinam a sanção. Assim, o homicídio, infamado em tempos normais, não o é em tempos de guerra porque aí não existe princípio que o interdite. Um ato intrinsecamente único, que atualmente é censurado por um povo europeu, não o era na Grécia, porque na Grécia ele não violava nenhuma regra preestabelecida.

Chegamos, portanto, a uma noção mais profunda da sanção: a sanção é uma conseqüência do ato, resultante não do conteúdo do ato, mas do ato não ser conforme a uma regra preestabelecida. É porque existe uma regra, anteriormente posta, e porque o ato é um ato de rebelião contra essa regra, que ele acarreta uma sanção.

Assim, existem regras que apresentam esse caráter particular: nós estamos obrigados a não consumar somente os atos que elas nos proíbem somente porque elas no-los proíbem. É a isso que se chama o caráter *obrigatório* da regra moral. Eis aí encontrada, portanto, por uma análise rigorosamente empírica, a noção de *dever* e de obrigação, aproximadamente como Kant o entendia.

Até aqui, é verdade, nós consideramos unicamente as sanções negativas (censura, pena), porque o caráter obrigatório da regra aí se manifesta mais claramente. Mas existem sanções de uma outra espécie. Os atos cometidos em conformidade com a regra moral são louvados; aqueles que os cumprem são honrados. A consciência moral pública reage, então, de uma outra maneira; a conseqüência do ato é favorável ao agente; mas o mecanismo do fenômeno é o mesmo. A sanção, neste caso como no precedente, vem não do próprio ato em si, mas de ser ele conforme a uma regra que o prescreve. Sem dúvida, esta espécie de obrigação é de uma nuança diferente da precedente; mas são duas variações do mesmo grupo. Não existem aí, portanto, duas espécies diferentes de regras morais, uma proibindo e outras obrigando; trata-se de duas espécies do mesmo gênero.

A obrigação moral, portanto, está definida, e essa definição não é sem interesse; afinal, ela mostra a que ponto as morais utilitárias mais recentes e mais aperfeiçoadas negligenciaram o problema moral. Na moral de Spencer, por exemplo, há uma completa ignorância do que constitui a obrigação. Para ele, a pena não é outra coisa além da conseqüência mecânica do ato (isto se vê em particular em sua obra de pedagogia a respeito das penalidades escolares). Isso é negligenciar radicalmente as feições da obrigação moral. E essa idéia absolutamente inexata é ainda muito divulgada. Numa pesquisa recente sobre a moral sem Deus, podia-se ler na carta de um estudioso que gosta de se ocupar com filosofia que a única punição de que o moralista laico pode falar é a que consiste nas más conseqüências dos atos imorais (que a intemperança arruína a saúde, etc.).

Nestas condições, passamos bem perto do problema moral, que é precisamente o de mostrar o que é o dever, sobre o que ele se baseia, em que ele não é uma alucinação, a que ele corresponde no real.

Até aqui seguimos Kant bem de perto. Porém, se sua análise do ato moral é parcialmente exata, ela é entretanto insuficiente e incompleta, afinal ela nos mostra somente um dos aspectos da realidade moral.

Não podemos, com efeito, consumar um ato que não nos diz nada e unicamente porque ele é comandado. Perseguir um fim que nos deixa indiferentes, que não nos parece *bom,* que não atinge nossa sensibilidade, é coisa psicologicamente impossível. É preciso, portanto, que, ao lado do seu caráter obrigatório, o fim moral seja desejado e desejável; essa *desejabilidade* é um segundo traço de todo ato moral.

Somente a desejabilidade particular à vida moral participa do critério precedente, do caráter de obrigação; ela não se assemelha à desejabilidade dos objetos aos quais se atiram nossos desejos ordinários. Nós desejamos o ato comandado pela regra de uma maneira especial. Nosso impulso, nossa aspiração por ele não se dão jamais sem algum sacrifício, sem algum esforço. Mesmo quando nós consumamos o ato moral com um ardor entusiasta, nós sentimos que saímos de nós mesmos, que nos dominamos, que nos elevamos acima de nosso ser natural, o que não se dá sem uma certa tensão, uma certa coerção sobre si. Temos consciência de que cometemos violência contra toda uma parte de nossa natureza. Assim, é preciso dar certo lugar ao eudemonismo e poderíamos mostrar que, até na obrigação, o prazer e a desejabilidade penetram; encontramos um certo charme ao consumar o ato moral, que nos é ordenado pela regra e unicamente por aquilo que nos é comandado. Experimentamos um prazer *sui generis* em fazer nosso dever, porque ele é o dever. A noção do bem penetra até na noção de dever, como a noção de dever e de obrigação penetra na de bem. O eudemonismo é por toda parte a vida moral, assim como é o seu contrário.

O dever, o imperativo kantiano, é somente, portanto, um aspecto abstrato da realidade moral; de fato, a realidade moral apresenta sempre e simultaneamente esses dois aspectos que não se pode isolar. Jamais existiu um ato que fosse puramente cumprido por dever; sempre foi preciso que ele aparecesse como bom em alguma maneira. Inversamente, não é verossímil que eles sejam puramente desejáveis; afinal, eles sempre reclamam algum esforço.

Da mesma maneira que a noção de obrigação, primeira característica da vida moral, permitia criticar o utilitarismo, a noção de bem, segunda característica, permite fazer sentir a insuficiência da explicação que Kant forneceu da obrigação moral. A hipótese kantiana, segundo a qual o sentimento de obrigação seria devido à heterogeneidade radical da Razão e da Sensibilidade, é dificilmente conciliável com o fato de que os fins morais são, por um dos seus aspectos, objetos de desejos. Se a sensibilidade teve, numa certa medida, o mesmo fim que a razão, ela não se humilha ao se submeter a esta última.

Estas são as duas características da realidade moral. Serão as únicas? De forma alguma, e eu poderia indicar-lhe outras. Mas essas que acabo de assinalar me parecem as mais importantes, as mais constantes, as mais universais. Eu não conheço regra moral, nem moral, em que elas não sejam encontradas. Apenas elas são combinadas, conforme o caso, em proporções muito variáveis. Existem atos que são realizados quase exclusivamente por entusiasmo, atos de heroísmo moral, onde o papel da obrigação é muito apagado e pode ser reduzido ao mínimo, no que a noção de bem predomina. Existem outros onde a idéia do dever encontra na sensibilidade um mínimo de apoio. A relação desses dois elementos varia também conforme o tempo: assim, na Antigüidade, parece que a noção de dever foi muito apagada; nos sistemas e talvez mesmo na moral realmente vivida pelos povos, é a idéia do Soberano Bem que predomina. De uma maneira geral, o mesmo ocorre, creio eu, por toda parte onde a moral seja essencialmente religiosa. Enfim, a relação dos dois elementos varia também profundamente numa mesma época, conforme os indivíduos. Conforme as consciências, um ou outro elemento é experimentado mais ou menos vivamente, sendo bem raro que os dois tenham a mesma intensidade. Cada um de nós tem seu daltonismo moral especial. Existem consciências para as quais o ato moral parece sobretudo bom, desejável; existem outras que possuem o sentido da regra, que buscam a ordem, a disciplina, que têm horror a tudo o que é indeterminado, que querem que sua vida se desenvolva seguindo um plano rigoroso e que sua conduta seja constantemente sustentada por um conjunto de regras sólidas e firmes.

E existe aí uma razão a mais para nos mantermos precavidos contra as sugestões de nossas consciências pessoais. Concebemos quais são os perigos de um método individual, subjetivo, que reduz a moral ao sentimento que cada um de nós tem por ela, já que quase sempre existiram aspectos essenciais da realidade moral ou que não sentimos completamente, ou que sentimos apenas debilmente.

Mas, sendo dado que essas duas características da vida moral se encontram por toda parte onde existe fato moral, pode-se dizer todavia que elas estão sobre o mesmo plano? Não existirá aí alguma, à qual seja preciso dar a primazia, e da qual a outra derivaria? Não haveria aí lugar, por exemplo, para investigar se a idéia de dever, de obrigação, não é retirada da idéia de bem, de fim desejável a perseguir? Eu recebi uma carta que me coloca essa questão e me submete essa hipótese. Eu me recuso radicalmente a admiti-lo. Deixo de lado todas as razões que militam contra ela; já que em todas as épocas, o mais longe a que se possa reportar, encontramos sempre os dois traços coexistindo, não existe nenhuma razão objetiva para admitir entre elas uma ordem de prioridade sequer lógica. Mas mesmo do ponto de vista teórico e dialético, não se percebe que, se nós temos deveres somente porque o dever é desejável, a noção mesma de dever desaparece? Jamais se poderá derivar, do desejável, a obrigação, já que o caráter específico da obrigação é o de cometer, em alguma medida, violência sobre o desejo. É tão impossível derivar o dever do bem (ou inversamente) quanto deduzir o altruísmo do egoísmo.

É incompreensível, objeta-se, que possamos estar obrigados a realizar um ato senão em razão do conteúdo intrínseco desse ato. Mas em primeiro lugar, não mais no estudo dos fenômenos morais do que no estudo dos fenômenos psíquicos ou outros, não temos boas razões para negar um fato constante, porque não podemos lhe dar no momento uma explicação satisfatória. Em seguida, para que o caráter obrigatório das regras tenha fundamento, basta que também a noção de autoridade moral tenha fundamento, afinal, a uma autoridade moral, legítima aos olhos da razão, nós devemos obediência simplesmente porque ela é autoridade moral, por respeito pela disciplina. Todavia, pode ser que hesitaremos em negar a toda autoridade moral. Que a noção em si seja mal analisada, não é razão para desconhecer sua inexistência e necessidade. A propósito, veremos mais adiante a qual realidade observável corresponde essa noção.

Guardemo-nos, portanto, de simplificar artificialmente a realidade moral. Ao contrário, conservemos com cuidado esses dois aspectos que acabamos de lhe reconhecer, sem nos preocupar com o que parecem ter de contraditório. Essa contradição será explicada logo a seguir.

Por outro lado, há uma outra noção que apresenta a mesma dualidade: é a noção do *sagrado*. O objeto sagrado nos infunde, se não o medo, ao menos um respeito, que nos afasta dele, que nos mantém à distância; e ao mesmo tempo, ele é objeto de amor e de desejo; tendemos a nos aproximar dele, aspiramos a ele. Eis portanto um duplo sentimento, que parece contraditório, mas que na realidade não existe de outra forma.

A pessoa humana notadamente se apresenta a nós sob o duplo aspecto que acabamos de distinguir. De outra parte, ela nos inspira acerca de alguém um sentimento religioso, que nos mantém à sua distância. Toda invasão do domínio no qual se move legitimamente a pessoa de nossos semelhantes, a nós aparece como um sacrilégio. Ela é como que envolvida por uma auréola de santidade, que a põe à parte... Mas ao mesmo tempo, ela é o objeto eminente de nossa simpatia; é a desenvolvê-la que tendem os nossos esforços. Ela é o ideal que nos esforçamos por realizar em nós, o mais completamente que nos seja possível.

E se eu comparo a noção do sagrado à da moral, isso não se dá somente para fazer uma aproximação mais ou menos interessante, é porque é muito difícil compreender a vida moral, se não a aproximamos da vida religiosa. Com o passar dos séculos, a vida moral e a vida religiosa estiveram intimamente ligadas e mesmo absolutamente confundidas; mesmo hoje, somos bem obrigados a constatar que essa união estreita subsiste na maior parte das consciências. Desde então, é evidente que a vida moral não pôde nem poderá jamais se despojar de todas as características que lhe eram comuns com a vida religiosa. Quando duas ordens de fatos estiveram profundamente ligados e durante tanto tempo, quando existiu entre elas, e durante tanto tempo, um parentesco tão estreito, é impossível que elas se dissociem absolutamente e se tornem estranhas uma à outra.

Seria preciso, para tanto, que elas se transformassem de cima abaixo, que elas deixassem de ser elas mesmas. Deve portanto existir o moral no religioso, e o religioso no moral. E de fato a vida moral atual está carregada de religiosidade. Não que esse fundo de religiosidade não se transforme: é certo que a religiosidade moral tende a se tornar completamente diferente da religiosidade teológica. O caráter sagrado da moral não é tal que deva livrá-la da crítica, tal como livrara a religião. Mas aí existe somente uma diferença de grau; e mesmo ela é ainda bem fraca hoje, afinal, para a maior parte dos espíritos, o sagrado da moral mal se distingue do da religião. O que o prova, é a repugnância que temos ainda hoje quanto a aplicar à moral o método científico ordinário; parece que *profanamos* a moral, ao ousar pensá-la e estudá-la com os procedimentos das ciências profanas. Parece que atentamos contra sua dignidade. Nossos contemporâneos ainda não admitem, sem resistência, que a realidade moral, como todas as outras realidades, seja abandonada à disputa dos homens.

(II)

Chego à segunda parte de minha exposição e é aqui, sobretudo, que eu experimento autênticas dúvidas. Após ter determinado as características da realidade moral, eu gostaria de tentar explicá-las.

Ora, o simples feito científico de aí chegar consistiria em classificar as regras morais numa seqüência, em examiná-las, em inventariá-las; em buscar explicar ao menos as principais dentre elas, ao determinar as causas que lhes deram origem, as funções úteis que elas exercem e exerceram; e é assim que poderíamos progressivamente chegar a entrever as causas gerais de que dependem as características essenciais que lhes são comuns. É assim que eu procedo, em meu ensinamento. Não podendo seguir aqui esse caminho, serei obrigado a proceder de uma maneira dialética e a admitir um certo número de postulados, sem demonstrá-los de uma maneira tão rigorosa quanto a que seria de se desejar.

Meu ponto de partida, que é o meu primeiro postulado, é o seguinte:

Nós temos deveres somente diante de consciências, todos os nossos deveres se dirigem a pessoas morais, a seres pensantes.

Quais são esses sujeitos conscientes? Eis aí o problema.

Um ato pode ter somente duas espécies de fins:[21]

1º O indivíduo que eu sou;

2º Outros seres além de mim.

Vejamos em primeiro lugar se os atos que visam unicamente o ser que eu sou têm um caráter moral. Para responder a essa questão, interroguemos a consciência moral comum. Sem dúvida, há aí uma maneira de proceder muito incerta e aleatória, afinal corremos o risco de fazer a consciência comum falar tal como queremos; entretanto, praticado com boa-fé, o método pode não

---

[21] O esquema desta argumentação é emprestado da *Ethik,* de Wundt.

deixar de dar resultados. Logo de início, provavelmente somente constataremos que a consciência moral jamais considerou como moral um ato visando *exclusivamente a conservação* do indivíduo; sem dúvida um tal ato de conservação pode se tornar moral, se eu me conservo pela minha família, pela minha pátria; mas se eu me conservo somente por mim mesmo, minha conduta é, aos olhos da opinião comum, despojada de qualquer valor moral.

Os atos que tendem não mais a conservar, mas a desenvolver o meu ser, não o teriam mais? Sim, ainda, se eu procuro me desenvolver, não em um interesse pessoal, nem mesmo em um interesse estético, mas a fim de que esse desenvolvimento tenha efeitos úteis para outros seres além de mim. Mas, se eu procuro somente desenvolver minha inteligência e minhas faculdades para brilhar, para prosperar, para fazer de mim uma bela obra de arte, meu ato jamais será considerado como moral.

Assim o indivíduo que eu sou, enquanto tal, não teria como ser o fim de minha conduta moral. Os outros indivíduos, meus semelhantes, estariam mais suscetíveis de desempenhar esse papel? Porém, se eu não faço nada de moral ao conservar ou desenvolver meu ser individual como tal, por que a individualidade de um outro homem teria um direito de prioridade sobre a minha? Se, por ele mesmo, o agente não conta com nada que possa conferir um caráter moral aos atos que o visam, por que um outro indivíduo, seu igual, gozaria de um privilégio que o primeiro não possui? Entre eles, podem existir somente diferenças de graus – uns para mais, outros para menos –, o que não teria como explicar a diferença de natureza que separa uma conduta *moral* e uma conduta *amoral.* Se a moral concedesse a alguém o que ela recusa a outrem, ela repousaria sobre uma contradição fundamental: o que é inadmissível por razões não somente lógicas, mas práticas. Afinal, é muito difícil conceber de que maneira, conforme eram usados, esses sentimentos contraditórios não teriam tido consciência de sua contradição. Em todo caso, seria uma moral singularmente incerta que essa da qual não poderíamos ter consciência sem que descobríssemos sua inconsistência.

De outra parte, se um dos meus semelhantes não tivesse como, ao servir de objetivo a minha conduta, lhe imprimir um caráter moral, aquela não se tornaria moral ao tomar como fim não um, mas diversos indivíduos como tais. Afinal, se cada indivíduo tomado à parte é incapaz de comunicar um valor moral à sua conduta, isto é, se ele não tinha por si valor moral, uma soma numérica de indivíduos não poderia tê-lo igualmente.

Por outro lado, para o que diz respeito aos atos que visam tanto a outrem como visam a mim mesmo, não penso em afirmar que, de fato e sempre, a opinião lhes recusa qualquer valor moral; sobretudo para os últimos, seria manifestamente contrária à evidência. Eu digo somente que, quando eles têm um valor moral, é porque eles visam um fim superior ao indivíduo que eu sou, ou aos indivíduos que são os outros homens. Entendo que a moralidade que lhe é reconhecida deve necessariamente derivar de uma fonte mais alta. Isso é evidente, para os atos dos quais eu sou o agente e o objeto; se nós somos conseqüentes com nós mesmos, a mesma evidência vale para os atos dos quais eu sou o agente e dos quais outro é o objeto.

Porém, se nós podemos estar ligados pelo dever somente a sujeitos conscientes, agora que eliminamos qualquer sujeito individual, não me resta mais outro objetivo possível à atividade moral além do sujeito *sui generis* formado por uma pluralidade de sujeitos individuais associados de maneira a formar um grupo; nada mais resta além do sujeito coletivo. Ainda é preciso que a personalidade coletiva seja outra coisa que o total dos indivíduos de que ela é composta; afinal, se ela fosse nada mais que uma soma, ela somente não poderia ter mais valor moral que os elementos de que ela é formada e que, por eles mesmos, não o têm. Chegamos então a essa conclusão: é que, se existe uma moral, um sistema de deveres e de obrigações, é preciso que a sociedade seja uma pessoa moral qualitativamente distinta das pessoas individuais que ela compreende e da síntese das quais ela resulta. Notemos a analogia que existe entre esse raciocínio e aquele pelo qual Kant demonstra Deus. Kant postula Deus, porque, sem essa hipótese, a moral é ininteligível. Nós postulamos uma sociedade especificamente distinta dos indivíduos, porque, de outra maneira, a moral não tem objeto, o dever não tem ponto de inserção. Acrescentemos que esse postulado é fácil de verificar pela experiência. Embora eu já tenha por vezes tratado a questão em meus livros, ser-me-ia fácil acrescentar razões novas às quais eu anteriormente apresentei para justificar essa concepção.

Toda essa argumentação pode, em definitivo, se reduzir a três termos muito simples. Ela leva a admitir que, aos olhos da opinião comum, a moral começa somente quando começa o desprendimento, a abnegação. Mas o desprendimento somente faz sentido se o sujeito ao qual nós nos submetemos tem um valor mais alto que nós, indivíduos. Todavia, no mundo da experiência, eu conheço somente um sujeito que possui uma realidade moral, mais rica, mais complexa que a nossa, é a coletividade. Engano-me, existe um outro que poderia desempenhar esse mesmo papel: é a divindade. Entre Deus e a sociedade, é preciso escolher. Eu não examinarei aqui as razões que podem militar em favor de uma ou de outra solução, as quais são ambas coerentes. Acrescento que, no meu ponto de vista, essa escolha me deixa bastante indiferente, afinal eu apenas vejo na divindade a sociedade transfigurada e pensada simbolicamente.

A moral começa, portanto, ali onde começa a vida em grupo, porque é ali somente que a abnegação e o desprendimento adquirem um sentido. Eu digo a vida em grupo, de uma maneira geral. Sem dúvida, existem grupos diferentes, família, corporação, cidade, pátria, agrupamentos internacionais; entre esses grupos diversos, uma hierarquia poderia ser estabelecida; e encontraremos graus correspondentes nas diferentes formas da atividade moral conforme ela tome por objeto uma sociedade mais estrita ou mais ampla, mais elementar ou mais complexa, mais particular ou mais compreensiva. Porém, é inútil entrar aqui nessas questões. Basta marcar o ponto onde parece começar o domínio da vida moral, sem que tenha havido utilidade em aí introduzir, no momento, uma diferenciação. Todavia, ele começa desde que exista vinculação a um grupo, ainda que seja restrita.

E agora, aos atos que tínhamos afastado durante o percurso retomarão mediatamente, indiretamente, um caráter moral. O interesse de outrem, tínhamos dito, não teria como ter mais valor moral intrínseco do que o meu próprio interesse. Porém, na medida em que o outro participa da vida do grupo, na medida em que ele é membro da coletividade à qual estamos vinculados, aos nossos olhos ele toma alguma coisa da mesma dignidade e somos inclinados a amá-lo e a querê-lo. Depender da sociedade é, como mostraremos melhor logo em seguida, depender do ideal social; todavia, existe um pouco desse ideal em cada um de nós; é, portanto, natural que cada indivíduo participe em alguma medida do respeito religioso que esse ideal inspira. A vinculação ao grupo implica, portanto, de uma maneira indireta, mas necessária, a vinculação aos indivíduos, e quando o ideal da sociedade é uma forma particular do ideal humano, quando o tipo do cidadão se confunde em grande parte com o tipo genérico do homem, é ao homem enquanto homem que nós nos encontramos vinculados. Eis aí o que explica o caráter moral que é atribuído aos sentimentos de simpatia interindividual e aos atos que eles inspiram. Não é que eles constituam, por eles mesmos, elementos intrínsecos do temperamento moral; mas eles estão deveras estritamente – senão indiretamente – ligados às disposições morais mais essenciais para que sua ausência possa ser, não sem razão, considerada como o indício muito provável de uma menor moralidade. Quando se ama a sua pátria, quando se ama a humanidade, não se pode ver o sofrimento de seus companheiros sem sofrer consigo mesmo e sem experimentar a necessidade de encontrar um remédio para isso. Mas o que nos liga moralmente a outrem, não é nada do que constitui sua individualidade empírica, é o fim superior do qual ele é o servidor e o órgão.[22]

Nós estamos agora em condições de compreender como passam a existir regras, denominadas regras morais, às quais é preciso que obedeçamos porque elas ordenam, e que nos vinculam a fins que vão além de nós, ao mesmo tempo que os consideramos desejáveis.

Acabamos de ver, com efeito, que a sociedade é o fim eminente de toda atividade moral. Ora: 1º Ao mesmo tempo que ela vai além das consciências individuais, ela lhes é imanente; 2º Ela possui todas as características de uma autoridade moral que impõe o respeito.

1º Ela é, para as consciências individuais, um objetivo transcendente. Com efeito, ela transcende o indivíduo por todos os lados. Ela o ultrapassa materialmente, já que ela resulta da coalizão de todas as forças individuais. Mas, em si mesma, essa grandeza material seria insuficiente. O universo, também, ultrapassa o indivíduo, massacra-o com sua enormidade e, entretanto, o universo não é moral. Somente a sociedade é uma coisa diferente de uma potência material; é uma grande potência moral. Ela vai além de nós, não apenas fisicamente, mas materialmente e moralmente. A civilização se deve à cooperação dos homens associados e das gerações sucessivas; ela é, portanto, uma obra essencialmente social. É a sociedade que a fez, é a sociedade que toma conta dela e a transmite aos indivíduos. É dela que nós a recebemos. Todavia, a civilização é o conjunto de todos os bens aos quais nós associamos o prêmio máximo; é o conjunto dos mais altos valores huma-

---

[22] É da mesma maneira que o devotamento do estudioso à ciência pode assumir, indiretamente, um caráter moral. A busca da verdade não é moral, nela mesma e para ela mesma; tudo depende do objetivo no qual ela é perseguida. Ela só é verdadeiramente e plenamente moral quando a ciência é amada por causa dos efeitos benéficos que ela deve ter para a sociedade, para a humanidade. Mas, por outro lado, a abnegação do estudioso, apaixonado por sua ciência, lembra muito, pelo processo mental que ela implica, a abnegação propriamente moral para não participar, em alguma medida, dos sentimentos que esta inspira. Ela se reveste, portanto, de moralidade.

nos. Porque a sociedade é ao mesmo tempo a fonte e a guardiã da civilização, porque ela é o canal pelo qual a civilização chega até nós, ela nos aparece, portanto, como uma realidade infinitamente mais rica, mais alta do que a nossa, uma realidade da qual nos vem tudo o que temos diante dos olhos, e que, entretanto, nos transcende por todos os lados já que, dessas riquezas intelectuais e morais das quais ela tem a guarda, algumas parcelas somente alcançam a alguns de nós. E quanto mais nós avançamos na história, mais a civilização humana se torna uma coisa enorme e complexa; em conseqüência, mais ela transpõe as consciências individuais, mais o indivíduo sente a sociedade como transcendente com relação a ele. Cada um dos membros de uma tribo australiana leva consigo a integralidade de sua civilização tribal; de nossa civilização atual, cada um de nós não chega a integrar senão uma mísera parte.

Mas nós sempre incorporamos alguma parte dela em nós. E assim, ao mesmo tempo que ela é transcendente, com relação a nós, a sociedade nos é imanente e nós a sentimos como tal. Ao mesmo tempo que ela nos ultrapassa, ela nos é interior, já que ela só pode viver em nós e por nós. Ou antes ela é nós mesmos, em um sentido, e a melhor parte de nós mesmos, já que o homem só é um homem na medida em que está civilizado. O que faz de nós um ser verdadeiramente humano, é o que chegamos a assimilar desse conjunto de idéias, de sentimentos, de crenças, de preceitos de conduta que chamamos de civilização. Há muito tempo isso foi demonstrado por Rousseau: se se retira do homem tudo o que lhe vem da sociedade, nada mais resta além de um ser reduzido à sensação, e mais ou menos indistinto do animal. Sem a linguagem, coisa social por essência, as idéias gerais ou abstratas são praticamente impossíveis, e se perdem, por conseqüência, todas as funções mentais superiores. Abandonado a si mesmo, o indivíduo cairia na dependência das forças físicas; se ele pôde escapar a isso, se ele pôde se emancipar, se tornar uma personalidade, é porque ele pôde se pôr ao abrigo de uma força *sui generis,* força intensa, já que ela resulta da coalizão de todas as forças individuais, mas força inteligente e moral, capaz, por conseqüência, de neutralizar as energias ininteligentes e amorais da natureza: é a força coletiva. É permitido ao teórico demonstrar que o homem tem direito à liberdade; mas seja qual for o valor de suas demonstrações, o que é certo é que essa liberdade só se torna uma realidade na e pela sociedade.

Assim, querer a sociedade é, de uma parte, querer alguma coisa que nos transcende; mas é ao mesmo tempo nos querer a nós mesmos. Nós não podemos querer sair da sociedade, sem querer de ser homens. Eu não sei se a civilização nos trouxe mais felicidade, e isso nem importa; mas o que é certo é que a partir do momento em que somos civilizados, nós só podemos renunciar a isso se renunciarmos a nós mesmos. A única questão que possa se colocar para o homem é, não saber se ele pode viver fora de uma sociedade, mas em qual sociedade ele pode viver; e por outro lado eu reconheço, com muito prazer, a todo indivíduo o direito de adotar a sociedade de sua escolha, de supor que não esteja refreado, na sociedade natal, por deveres previamente contratados. Nesse momento, explicamos sem dificuldade como a sociedade, ao mesmo tempo que constitui um fim que nos transcende, pode nos aparecer como boa e desejável, já que ela depende de todas as fibras do nosso ser; e por conseqüência ela apresenta as características essenciais que tínhamos reconhecido para os fins morais.

2º Mas, ao mesmo tempo, ela é uma autoridade moral. É o que resulta do que acaba de ser dito. Afinal, o que é uma autoridade moral, senão o caráter que atribuímos a um ser, não importa se real ou se ideal, mas que concebemos como constituindo uma potência moral superior àquela que nós somos? Todavia o atributo característico de toda autoridade moral é o de impor o respeito; em razão desse respeito, nossa vontade difere das ordens que aquela prescreve. A sociedade, portanto, tem nela tudo o que é necessário para comunicar a certas regras de conduta esse mesmo caráter imperativo, distintivo da obrigação moral.

Faltaria, é verdade, examinar *se, de fato,* é dessa fonte que as regras morais emprestam essa autoridade que as faz aparecer às consciências como obrigatórias. Tal como eu havia dito no começo, é um exame ao qual me é impossível proceder aqui. Tudo o que eu posso afirmar é que, até o presente, eu ainda não encontrei, no curso das minhas pesquisas, uma única regra moral que não seja o produto de fatores sociais determinados. Eu espero que me seja indicada alguma que pareça exigir uma explicação de algum outro tipo. De resto, o fato, hoje estabelecido de uma maneira incontestada, de que todos os sistemas de moral efetivamente praticados pelos povos são função da organização social desses povos, que eles dependem de sua estrutura e variam como ela, não é em si mesmo suficientemente demonstrativo? Houve um tempo, é verdade, no qual se atribuía essa diversidade das morais à ignorância ou ao esquecimento dos homens. Mas a história estabeleceu que, salvo os casos anormais, cada sociedade teve, geralmente, a moral que lhe é necessária; que qualquer outra não somente não lhe seria possível, mas seria mortal à sociedade que a praticasse. A moral individual, seja lá o que por vezes se disse dela, não escapa dessa lei; ela é mesmo extremamente social. Afinal, o que ela prescreve que realizemos, é o tipo ideal do homem, tal como o concebe a sociedade considerada; um ideal, todavia, cada sociedade concebe conforme sua imagem. Nem o ideal do romano nem o ideal do ateniense estavam estritamente em relação com a organização própria de cada uma dessas cidades. Esse tipo ideal que cada sociedade reclama aos seus membros que realizem, não será mesmo a parte essencial de todo o sistema social, e que constitui sua unidade?

Ao mesmo tempo que as duas características do fato moral se tornam assim inteligíveis, ao mesmo tempo que se percebe o que eles exprimem, vê-se o que constitui sua unidade: eles são apenas dois aspectos de uma única e mesma realidade, que é a realidade coletiva. A sociedade nos ordena porque ela é exterior e superior a nós; a distância moral que existe entre ela e nós faz dela uma autoridade perante a qual a nossa vontade se inclina. Mas como, por outro lado, ela nos é interior, como ela está em nós, como ela é nós, por esta razão nós a amamos, nós a desejamos, se bem que com um desejo *sui generis* já que, não importa o que façamos, sempre ela é nossa apenas em parte, e nos domina infinitamente.

Enfim, do mesmo ponto de vista, pode-se compreender essa característica sagrada pela qual as coisas morais sempre foram e são ainda marcadas, essa religiosidade sem a qual não jamais existiria ética.

Eu parto dessa observação de que os objetos não têm valor por eles mesmos. Essa verdade se aplica inclusive às coisas econômicas. A velha teoria economista, a partir da qual existiram valores objetivos, inerentes às coisas e independentes de nossas representações, não conta mais com representantes hoje em dia. Os valores são produtos da opinião; as coisas têm valor somente com relação aos estados de consciência. Ao tempo em que o trabalho manual estava marcado por um descrédito moral, o valor que lhe era atribuído e que se traduzia na maneira pela qual ele era retribuído, era inferior àquele que hoje em dia lhe reconhecemos. Poderíamos multiplicar os exemplos.

Isso vale para as coisas morais como para as coisas econômicas. Quando nós dizemos que elas são sagradas, entendemos que elas têm um valor incomensurável com os outros valores humanos. Afinal, o que é sagrado, é o que está colocado à parte, é o que não possui medida comum com o que é profano. E é muito certo que as coisas morais possuam essa característica; afinal jamais nós admitiremos, jamais, pelo que eu saiba, os homens admitiram que um valor moral pudesse ser exprimido em função de um valor de ordem econômica, ordinariamente eu diria, de ordem temporal. Nós podemos, em certos casos, em nome da fragilidade humana, escusar o homem que sacrificou seu dever para conservar sua vida; em momento algum nós ousaríamos proclamar que esse sacrifício é legítimo e merecedor de ser aprovado. E entretanto a vida é, de todos os bens profanos, amorais, aquele a que aspiramos mais naturalmente, já que ele é a condição para os demais.

Mas então, para que as coisas morais fiquem sem paralelo neste ponto, é preciso que os sentimentos que determinam seus valores tenham a mesma característica; é preciso que também eles sejam sem paralelo entre os outros desejos humanos; é preciso que eles tenham um prestígio, uma energia, que os coloquem à parte entre os movimentos de nossa sensibilidade. Ora, os sentimentos coletivos satisfazem a essa condição. Precisamente porque eles são o eco, em nós, da grande voz da coletividade, eles falam ao interior de nossas consciências num tom diferente daquele dos sentimentos puramente individuais; eles nos falam de mais alto; em razão até de sua origem, eles têm uma força e uma ascendência bem particulares. Concebe-se, portanto, que as coisas às quais esses sentimentos se inclinam participam desse mesmo prestígio; que elas sejam postas à parte e elevadas acima das outras de toda a distância que separa essas duas espécies de estados de consciência.

Eis de onde vem essa característica sagrada, de que atualmente está investida a pessoa humana. Essa característica não lhe é inerente. Analisem o homem tal como ele se apresenta à análise empírica, e vocês não encontrarão nada que implique essa santidade; não existe nada nele que não seja temporal. Mas, sob o efeito de causas que não temos de investigar aqui, a pessoa humana se torna a coisa à qual a consciência social dos povos europeus está ligada mais do que a qualquer outra; por conseqüência, ela adquiriu um valor incomparável. É a sociedade que a consagrou. Essa espécie de auréola, que envolve o homem e que o protege contra as invasões sacrílegas, o homem não a possui naturalmente; é a maneira pela qual a sociedade a pensa, é a alta estima que ela presentemente lhe tem, projetada para hora e objetivada. Assim, bem longe de existir entre o indivíduo e a sociedade o antagonismo que por tantas vezes se admitiu, na realidade, o individualismo moral, o culto do indivíduo humano, é a obra da sociedade. É ela que o instituiu. É ela que fez do homem um deus para o qual ela se tornou a serva.

Pode ser que assim representaremos melhor o que é essa sociedade na qual acredito encontrar o fim e a fonte da moral. Por vezes, acusaram-me de, dessa forma, dar à vida moral um bem medíocre objetivo ao mesmo tempo que um espaço bem exíguo. E sem dúvida, se se vê na sociedade unicamente o grupo de indivíduos que a compõe, o *habitat* que eles ocupam, a reprovação se justifica sem dificuldade. Mas a sociedade é coisa diversa; é antes de tudo um conjunto de idéias, de crenças, de sentimentos de todas as espécies, que se realizam pelos indivíduos; e, no primeiro escalão dessas idéias, se encontra o ideal moral que é a sua principal razão de ser. Querê-la, é querer esse ideal, se bem que nós podemos, por vezes, preferir vê-la desaparecer como entidade material, antes que renegar o ideal que ela encarna. Uma sociedade, é uma chama intensa de atividade intelectual e moral e cuja luminosidade se estende ao longe. Das ações e das reações que se trocam entre os indivíduos se descobre uma vida mental, inteiramente nova, que transporta nossas consciências em um mundo do qual não teríamos nenhuma idéia, se vivêssemos isolados. Nós nos apercebemos disso justo nas épocas de crise, quando algum grande movimento coletivo nos captura, nos convoca para cima de nós mesmos, nos transfigura. Se, no curso ordinário da vida, nós sentimos menos vivamente essa ação porque ela é menos violenta e menos intensa, ela não deixa de ser real.

(III)

Eu serei bem breve acerca da terceira parte de meu programa. Eu o inseri unicamente para nos permitir discutir uma objeção que me foi feita freqüentemente e que se baseia, creio eu, num mal-entendido.

Diz-se que essa maneira de conceber a moral exclui a possibilidade de julgá-la. Parece que se a moral é o produto da coletividade, ela deve se impor necessariamente ao indivíduo e que este seja reduzido a aceitá-la passivamente sem ter jamais o direito de se voltar contra ela, qualquer que ela possa ser. Nós estaríamos, assim, condenados a seguir sempre a opinião sem jamais poder, por um juízo exato, nos insurgir contra ela.

Porém, aqui, como em outros lugares, a ciência do real nos põe em condições de modificar o real e de dirigi-lo. A ciência da opinião moral nos fornece os meios para julgar a opinião moral e, se for preciso, retificá-la. Eu quero dar, dessas retificações possíveis, alguns exemplos cuja lista não é de maneira alguma exaustiva.

Antes de tudo, é possível que, como efeito de uma tormenta passageira, algum dos princípios fundamentais da moral seja eclipsado por um momento da consciência pública, que, não o sentindo mais, nega-o (teoricamente e explicitamente ou praticamente e de fato, não importa). A ciência dos costumes pode chamar essa consciência moral temporariamente abalada a ser o que ela era anteriormente e de uma maneira crônica; e desde logo, ao opor a permanência com aquela, durante tanto tempo, é afirmado o princípio assim negado, ao caráter intenso, passageiro da crise durante a qual ele sucumbiu, pode-se, em nome da ciência, revelar dúvidas racionais acerca da legitimidade dessa relação. Pode-se, sempre pelo mesmo método, fazer mais e mostrar como esse princípio tem relação com tais ou quais condições essenciais e sempre atuais de nossa organização social, de nossa mentalidade coletiva; como, em conseqüência, não se pode desconhecê-lo sem desconhecer também as condições da existência coletiva e, por via de conseqüência, da existência individual. Se, por exemplo, em um dado momento, a sociedade, em seu conjunto, tende a perder de vista os direitos sagrados do indivíduo, não se pode endireitá-la com autoridade ao lhe relembrar como o respeito a tais direitos está estritamente ligado à estrutura das grandes sociedades européias, a todo o conjunto de nossa mentalidade, se bem que negá-los a pretexto de interesses sociais seria negar os interesses sociais mais essenciais?

É bem possível, igualmente, que ao lado da moral constituída e que se mantém pela força da tradição, tendências novas transpareçam, mais ou menos conscientes delas mesmas. A ciência dos costumes pode então nos permitir tomar partido entre essas morais divergentes: a que existe, de um lado, e a que tende a existir, de outro. Ela pode nos ensinar, por exemplo, que a primeira corresponde a um estado de coisas que desapareceu ou que está em vias de desaparecer; que as idéias novas que estão em vias de emergir têm, ao contrário, relação com as mudanças sobrevindas nas condições da existência coletiva e são reclamadas por essas mudanças; ela pode nos auxiliar a precisar essas idéias e as determinar, etc.

Nós não estamos, portanto, de forma alguma obrigados e nos inclinar docilmente diante da obrigação moral. Nós podemos inclusive nos considerar, em certos casos, como motivados a nos rebelar contra ela. Pode acontecer, com efeito, que, para um dos motivos que acabam de ser indicados, nós julguemos ser nosso dever lutar contra as idéias morais que nós sabemos serem obsoletas, que não são nada mais que antigüidades, e que o meio mais eficaz para isso nos parece ser negar essas idéias, não apenas teoricamente, mas por atos. Sem dúvida, estão aí casos de consciência sempre delicados que eu não pretendo resolver em poucas palavras, eu quero apenas mostrar que o método que eu me exijo permite expô-los.

Porém, em todos os casos, nós só podemos aspirar a uma outra moral diferente da que é exigida por nosso estado social. Existe aí um ponto de referência objetivo ao qual devem sempre ser reportadas nossas apreciações. A razão que julga nessas matérias, não é portanto a razão individual, movida não se sabe por quais inspirações interiores, por quais preferências pessoais; é a razão, apoiando-se sobre o conhecimento, tão metodicamente elaborada quanto possível, de uma dada realidade, a saber, a realidade social. É da sociedade e não do eu que depende a moral. E sem dúvida acontece freqüentemente que sejamos obrigados a tomar partido acerca dessas questões sem esperar que a ciência esteja avançada o bastante para nos guiar; as necessidades da ação sempre nos causam uma necessidade de anteciparmos a ciência. Fazemos então conforme nós podemos, substituindo a ciência metódica, que é impossível, por uma ciência sumária, ativa, completada pelas inspirações da sensibilidade. Mas não se trata de afirmar que uma ciência, nascida ontem, tenha condições de orientar soberanamente a conduta. Eu gostaria apenas de mostrar que essa ciência não nos proíbe de apreciar o real, mas nos dá, ao contrário, meios de apreciação racional.

Tal é – tanto quanto ela pode ser exposta no curso de uma conversa – a concepção geral dos fatos morais à qual me conduziram as pesquisas que eu desenvolvi acerca desse assunto por pouco mais de vinte anos. Por vezes ela foi julgada limitada; eu espero que, melhor compreendida, ela deixe de assim parecer. Pudemos ver, ao contrário, que, sem se propor sistematicamente ser eclética, ela se acha dando lugar aos pontos de vista que normalmente parecem os mais opostos. Eu me dedico sobretudo a mostrar que ela permite tratar empiricamente os fatos morais, sempre lhes deixando o seu caráter *sui generis,* isto é, essa religiosidade que lhes é inerente e que os põe à parte no conjunto dos fenômenos humanos. Escapa-se, assim, ao empirismo utilitário que procura explicar racionalmente a moral, mas ao negar suas características específicas, ao rebaixar suas noções essenciais ao mesmo escalão que as noções fundamentais das técnicas econômicas, e ao apriorismo kantiano que fornece uma análise relativamente fiel da consciência moral, mas que descreve mais do que explica. Encontra-se a noção do dever, mas por razões de ordem experimental e sem excluir o que existe de fundado no eudemonismo. É que essas maneiras de ver, que se confrontam nos moralistas, excluem-se apenas abstratamente. De fato, elas não fazem senão exprimir aspectos diferentes de uma realidade complexa e, em conseqüência, reencontramos todas elas, cada uma em seu lugar, quando aplicamos sua observação sobre essa realidade e procuramos conhecê-la em sua complexidade.

Capítulo 3

Respostas às objeções *

I. – O estado da sociedade e o estado da opinião

Eu tinha dito que o ponto de referência com relação ao qual devem ser estabelecidas nossas antecipações relativamente ao futuro da moral é, não o estado da opinião, mas o estado da sociedade tal qual está dada realmente ou tal qual parece chamada a se tornar em virtude das causas necessárias que dominam a evolução. O que importa saber é o que é a sociedade, e não a maneira pela qual ela se concebe a si mesma, a qual pode estar equivocada. Por exemplo, hoje, o problema consiste em procurar o que deve se tornar a moral numa sociedade como a nossa, caracterizada por uma concentração e uma unificação crescentes, pela profusão sempre maior de vias de comunicação que colocam em relação suas diferentes partes, pela absorção da vida local na vida

---

* Fazemos seguir, à comunicação feita pelo Sr. Durkheim à Sociedade francesa de Filosofia em 11 de fevereiro, alguns fragmentos emprestados da discussão que se seguiu em 27 de março. Nós retivemos dessa discussão somente as passagens um pouco desenvolvidas que nos parecem apropriadas para esclarecer as teorias do Sr. Durkheim sobre a ciência da moral. Os títulos são nossos. O primeiro fragmento é uma resposta a uma observação do Sr. Parodi. (Nota dos Editores de 1924)

geral, pela decolagem da grande indústria, pelo desenvolvimento do espírito individualista que acompanha essa centralização de todas as forças sociais, etc.

Quanto às aspirações confusas que emergem de diferentes lados, elas exprimem a maneira pela qual a sociedade, ou antes pelas partes diferentes da sociedade, representam para si esse estado e os meios de enfrentá-lo, e elas não têm outro valor. Certamente, elas constituem elementos preciosos de informação, afinal elas traduzem alguma coisa da realidade social subjacente. Mas cada uma de tais aspirações exprime somente um aspecto, e não o exprime sempre fielmente. As paixões, os preconceitos, que sempre tomam partido, não permitem que essa tradução seja exata. É à ciência que cabe alcançar a verdadeira realidade e exprimi-la, e é sobre a realidade assim conhecida que o estudioso deve fundamentar sua antecipação. Certamente, para poder tratar o problema moral prático, tal como ele se coloca hoje, é bom conhecer a corrente socialista sob suas diferentes formas, assim como a corrente contrária, ou a corrente mística, etc. Mas o estudioso pode estar certo por antecipação de que nenhuma dessas aspirações teria como satisfazê-lo sob a forma que ela tomara espontaneamente, embora uma delas possa todavia apresentar mais verdade prática do que as outras e merecer, a esse respeito, uma certa preferência.

O papel da ciência portanto não se limita, *a priori,* a introduzir um pouco mais de clareza nas tendências da opinião. É o estado da sociedade, e não o estado da opinião, que é preciso alcançar. Apenas, de fato, é dificilmente admissível que a opinião não exprima nada de real, que as aspirações da consciência coletiva sejam puras alucinações. Ainda que elas não vinculem de forma alguma a investigação científica, é de se prever que os resultados da investigação, caso seja ela metódica, encontrarão algumas das suas aspirações, que haverá lugar para esclarecer, precisar, completar umas pelas outras. Por outro lado, se o estudioso ou o filósofo vinham preconizar uma moral pela qual a opinião não guarda a menor consideração, eles agiriam em vão já que essa moral permaneceria letra morta; e uma tal discordância seria suficiente para colocar um espírito prudente e metódico em desconfiança diante de suas conclusões, ainda que elas lhe parecessem bem deduzidas. Eis como, *na prática,* o papel da reflexão sempre consistiu mais ou menos em ajudar os contemporâneos a tomar consciência deles mesmos, de suas necessidades, de seus sentimentos. A ciência da moral, tal como eu a compreendo, não é senão um emprego mais metódico da reflexão posta a serviço desse mesmo fim.

Sócrates exprimia mais fielmente que seus juízes a moral que convinha à sociedade de seu tempo. Seria fácil mostrar que, em conseqüência das transformações pelas quais tinha passado a velha organização gentílica, em conseqüência do abalamento das crenças religiosas que dela resultaram, uma nova fé religiosa e moral tinha se tornado necessária em Atenas. Seria fácil ver que essa aspiração em favor das fórmulas novas não era mais ressentida apenas por Sócrates, que existia uma poderosa corrente nesse sentido que os sofistas já tinham expressado. Eis em que sentido Sócrates ultrapassara sua época ao mesmo tempo que a traduzira.

II. – *A razão individual e a realidade moral* [23]

O indivíduo pode se omitir parcialmente das regras existentes enquanto quer a sociedade tal como ela é, e não tal como ela aparece, enquanto ele quer uma moral adaptada ao estado atual da sociedade e não a um estado social historicamente extinto, etc. O princípio da rebelião é, portanto, o mesmo que o princípio do conformismo. É à natureza *verdadeira* da sociedade que ele se conforma quando obedece à moral tradicional; é à natureza *ver-*

---

[23] Em resposta a uma observação do Sr. Darlu.

dadeira da sociedade que ele se conforma quando se revolta contra essa mesma moral...

No reino moral como nos outros reinos da natureza, a razão do *indivíduo* não possui privilégios enquanto razão do *indivíduo.* A única razão pela qual vocês possam legitimamente reivindicar, aqui como em outros lugares, o direito de intervir e de elevar-se acima da realidade moral histórica com vista a reformá-la, essa não é a minha razão, nem a de vocês; é a razão humana, impessoal, que só se realiza verdadeiramente na ciência. Da mesma maneira que a ciência das coisas físicas nos permite redirecionar estas, a ciência dos fatos morais nos deixa em condições de corrigir, de redirecionar, de dirigir o curso da vida moral. Mas essa intervenção da ciência tem por efeito substituir o ideal coletivo de hoje, não um ideal individual, mas um ideal igualmente coletivo, e que exprime não uma personalidade particular, mas a coletividade melhor compreendida.

A ciência dos fatos morais tal como eu a compreendo, é precisamente a razão humana aplicando-se ao fato moral, para antes de tudo compreendê-lo e compreender, para em seguida dirigir-lhe as transformações. Não existe, em tudo isso, *sentido próprio.* Ao contrário, esse emprego metódico da razão tem como principal objeto nos desviar, tanto quanto está em nós, das sugestões do sentido próprio, para deixar as coisas falarem por si. As coisas, aqui, são o estado presente da opinião moral em suas relações com a realidade social que ele deve exprimir...

Sobre isso existe entre nós, creio eu, uma divergência da qual mais vale tomar consciência do que buscar mascará-la. A rebelião contra a tradição moral, vocês a concebem como uma revolta do indivíduo contra a coletividade, de nossos sentimentos pessoais contra os sentimentos coletivos. O que eu oponho à coletividade, é a própria coletividade, porém mais e melhor consciente de si. Diríamos que essa mais alta consciência dela mesma, a sociedade só a atinge verdadeiramente num e por um espírito individual? De maneira alguma, afinal essa mais alta consciência de si, a sociedade só a atinge verdadeiramente pela ciência, e a ciência não é coisa de um indivíduo, ela é uma coisa social, impessoal antes de tudo.

Certamente, os direitos que eu reconheço assim à razão são consideráveis. Mas é preciso se explicar a respeito desse termo, razão. Se entendemos por isso que a razão possui nela mesma, no estado imanente, um ideal moral que seria o verdadeiro ideal moral e que ela poderia e deveria opor àquele que persegue a sociedade em cada momento da história, eu digo que esse apriorismo é uma afirmação arbitrária que todos os fatos conhecidos contradizem. A razão à qual eu apelo é a razão que se aplica metodicamente a uma matéria dada, a saber à realidade moral do presente e do passado para saber o que ela é, e tirando em seguida desse estudo histórico conseqüências práticas. A razão assim entendida, é bem simplesmente a ciência, e especificamente a ciência dos fatos morais. Todos os meus esforços tendem precisamente a tirar a moral do subjetivismo sentimental onde ela se atrasa e que é uma forma de empirismo ou de misticismo, duas maneiras de pensar estritamente aparentadas.

E por outro lado, ao me expressar assim, eu não pretendo de forma alguma dizer que nós não possamos reformar a moral senão quando a ciência esteja avançada o bastante para nos ditar as reformas úteis. É claro que é preciso viver e que nós devemos freqüentemente avançar a ciência. Nesse caso, nós fazemos conforme podemos, servindo-nos dos rudimentos de conhecimentos científicos dos quais dispomos, completando-nos com nossas impressões, nossas sensações, etc. Nós corremos então mais riscos, é verdade, mas às vezes é necessário se arriscar. Tudo o que eu quero provar, é que a atitude que eu acredito poder adotar no estudo dos fatos morais não me condena a uma espécie de otimismo resignado...

O Sr. Darlu afirma como uma evidência que existem infinitamente mais coisas na consciência de um "indivíduo do que na sociedade mais complexa e mais perfeita". Eu admito que, quanto a mim, é o contrário que me parece evidente. O conjunto dos bens intelectuais e morais que constitui a civilização a cada momento da história tem como sede a consciência da coletividade, e não a do indivíduo. Cada um de nós só chega a assimilar fragmentos de ciências, só se abre a algumas impressões estéticas. É na sociedade e pela sociedade que vivem a ciência e a arte em sua integralidade. Fala-se da riqueza moral do indivíduo! Mas das diversas correntes morais que trabalham nossa época, cada um de nós mal percebe uma, aquela que a atravessa nosso meio individual, e ainda temos dela somente uma sensação fragmentária e superficial. Quão a vida moral da sociedade, com suas aspirações de todas as espécies que se completam ou se chocam, é mais rica e mais complexa! Mas nós não sabemos quase nada dessa atividade intensa que se agita em volta de nós...

De todas as regras da moral, as que dizem respeito ao ideal individual são também aquelas cuja origem social é mais fácil de estabelecer. O homem que nós buscamos ser, é o homem de nosso tempo e de nosso meio. Sem dúvida cada um de nós preenche à sua maneira esse ideal comum, marca-o com sua individualidade, ao mesmo tempo que cada um de nós pratica a caridade, a justiça, o patriotismo, etc., à sua maneira. Mas trata-se tão pouco de uma construção individual, que é nesse ideal que comungam todos os homens de um mesmo grupo; é ele sobretudo que constitui sua unidade moral. O romano tinha seu ideal da perfeição individual em relação com a constituição da cidade romana, como nós temos a nossa em relação com a estrutura de nossas sociedades contemporâneas. É uma ilusão grosseira demais acreditar que nós livremente a geramos em nosso foro íntimo.

III. – O sentimento da obrigação. O caráter sagrado da moral [24]

O sentimento da obrigação varia sem parar e mesmo, se se perde de vista essa variabilidade, pode-se acreditar por momentos

---

[24] Em resposta a uma observação do Sr. Jacob.

que ele desaparece simplesmente porque ele se modifica. É o que ocorre hoje na sociedade francesa. Fico muito surpreso em ver que, *atualmente,* é o outro aspecto, o aspecto desejável da moral, que predomina em muitas consciências individuais. Existem para isso razões que não é impossível vislumbrar.

Com efeito, a fim de que o sentimento da obrigação tenha todo o seu destaque, é preciso que exista uma moral claramente constituída, e se impondo a todos sem contestação. Todavia, hoje em dia, a moral tradicional anda abalada, sem que nenhuma outra que se tenha formado venha tomar o seu lugar. Antigos deveres perderam o seu império, sem que vejamos ainda claramente e com um olhar seguro quais são os nossos novos deveres. Idéias divergentes dividem os espíritos. Nós atravessamos um período de crise. Não é, portanto, impressionante que nós sintamos as regras morais também imperativas apenas pelo passado; elas não podem nos aparecer como também respeitáveis, já que elas são, em parte, inexistentes. Disso resulta que a moral se apresenta a nós, menos como um código de deveres, como uma disciplina definida que nos obriga, do que como um ideal entrevisto, mas ainda bem indeterminado, que nos cativa. O germe da vida moral é menos um sentimento de deferência por um imperativo incontestado, do que uma espécie de inspiração por um objetivo elevado, mas impreciso. Mas vê-se de novo o quanto é preciso que nos coloquemos em desconfiança contra as conclusões que poderíamos ser tentados a extrair de uma experiência tão sumária quanto curta.

Porém, feitas essas observações, passo ao fundo da questão a mim colocada pelo Sr. Jacob.

Sim, certamente, eu tenho de conservar o caráter sagrado da moral, e tenho de conservá-lo, não porque ele me pareça responder a tal ou qual aspiração que eu partilho, ou que eu aprovo, mas porque ele me está dado nos fatos. Do momento em que a moral aparece por toda parte na história como marcada de religiosidade, é impossível que ele se despoje totalmente desse caráter; de outra maneira, ele deixaria de ser ele mesmo. Um fato não pode tomar um de seus atributos essenciais sem mudar de natureza. A moral não seria mais moral se ela nada mais tivesse de religioso. Da mesma forma, o horror inspirado pelo crime é absolutamente comparável àquele que o sacrílego inspira nos fiéis; e o respeito que nos inspira a pessoa humana é bem difícil de distinguir de outra maneira que não em nuanças, do respeito que o fiel de todas as religiões tem pelas coisas que ele vê como sagradas. Unicamente, esse sagrado, creio que ele pode ser expresso, e eu *me esforço* em exprimi-lo, em termos laicos. E aí está, em suma, o traço distintivo da minha atitude. Em lugar de desconhecer e de negar com os utilitários o que existe de religioso na moral, em lugar de hipostasiar essa religiosidade em um ser transcendente com a teologia espiritualista, eu me obrigo a traduzi-la em uma linguagem racional, sem lhe retirar, entretanto, nenhuma das suas características específicas. O senhor pode entrever que, desse ponto de vista, eu escapo da objeção que me faz, já que diante do sagrado, cuja existência eu afirmo, meu pensamento laico guarda toda sua independência.

Mas essa empresa é possível? Será que ela não é, como o senhor parece acreditar, uma contradição nos termos?

Para responder a essa questão é necessário determinar um pouco mais claramente essa noção de sagrado; não que eu pense em dar assim, de passagem, uma definição rigorosa. Mas é possível, facilmente, fixar-lhe algumas características que me permitirão explicá-la.

Antes de tudo, cuidarei de observar que o senhor parece ter identificado a noção do sagrado com a idéia de obrigação, com o imperativo categórico. Haveria muito a dizer acerca dessa identificação. É preciso que a noção de imperativo seja a verdadeira característica do que a moral tem de religioso. Bem ao contrário, poder-se-ia mostrar que, quanto mais uma moral é essencialmente religiosa, tanto mais a idéia de obrigação é apagada. Bem freqüentemente, a sanção que é associada à violação dos preceitos rituais é completamente análoga à que associada à associação das regras da higiene. O imprudente que está exposto a um contato suspeito contrata uma doença que resulta analiticamente desse contato. Da mesma forma que o profano que tocou indevidamente uma coisa sagrada, desencadeando sobre si mesmo uma força temerosa que determina em seu corpo a doença e a morte. Existe uma profilaxia religiosa que lembra em mais de um ponto a profilaxia médica. Não é, portanto, por seu aspecto obrigatório que a moral se aproxima mais da religião.

O sagrado é essencialmente, como eu dissera em outro lugar na minha comunicação, o que é *posto à parte,* o que está *separado.* O que o caracteriza, é que ele não pode, sem deixar de ser ele mesmo, ser misturado com o profano. Toda mistura, mesmo todo contato tem por efeito *profanar,* isto é, retirar-lhe seus atributos constitutivos. Mas essa separação não põe sobre o mesmo plano as duas ordens de coisas assim separadas; o que testemunha a solução de continuidade que existe entre o sagrado e o profano, é que não existe entre eles medida comum, é que eles são radicalmente heterogêneos, incomensuráveis, é que o valor do sagrado é incomparável com o do profano.

Sendo assim, por que não existiram valores laicos incomensuráveis? Se eles existem, eles são sagrados. Eis aí por onde a moral pode ter alguma coisa de religioso.

Todavia, que as coisas morais respondem a essa definição, que elas sejam incomensuráveis às outras coisas da natureza, é o que não me parece contestável. É um fato. A consciência pública não admite, jamais admitiu que se possa legitimamente faltar a um dever por razões puramente utilitárias; ou melhor, se lhe ocorre de se rebaixar a essa tolerância, é com a condição de encobrir de si mesma, em meio a alguma casuística, a contradição que ela comete. Eis como existe o sagrado em moral. Mas diante desse caráter sagrado a razão não tem de forma alguma de abdicar de seus direitos. É legítimo investigar como acontece de associarmos esse caráter a certos objetos ou a certos atos; donde resulta que existe um mundo separado e à parte, um mundo de representações *sui generis;* ao que, no real, correspondem essas representações. É justamente a essa questão que eu tentei responder. Pode-se mesmo ir mais longe e questionar se tais coisas, tais maneiras de agir que apresentam hoje esse caráter não o possuem indevidamente, por sobrevivência, por um efeito de circunstâncias anormais; se, ao contrário, alguns outros, que lhe são privados atualmente, não são, conforme as analogias, destinadas a adquiri-lo, etc. A razão preserva, portanto, toda sua liberdade; ao mesmo tempo que vê na realidade moral alguma coisa de sagrado, que estabelece uma solução de continuidade entre a moral e as técnicas econômicas, industriais, etc., com as quais o utilitarismo corrente tende a se confundir...

A ciência de que eu falo, não é a sociologia de uma maneira geral, e eu não quero dizer que das pesquisas sobre as estruturas das sociedades, sua organização econômica, política, etc., se possam deduzir aplicações morais. A única ciência que pode fornecer os meios de proceder a tais julgamentos sobre as coisas morais é a ciência especial dos fatos morais. Para apreciar a moral, é preciso que partamos de dados emprestados da realidade moral tanto do presente quanto do passado. Seguramente essa ciência dos fatos morais é, disso estou convencido, uma ciência sociológica, mas é um ramo muito particular da sociologia. O caráter *sui generis* que eu reconheci para a moral não permite que se admita que ela possa ser deduzida do que não é ela. Seguramente os fatos morais têm relação com os outros fatos sociais e não poderia ser o caso de retirá-los deles, mas eles formam, na vida social, uma esfera distinta e das especulações práticas que se relacionam e essa esfera só podem ser inferidas de especulações teóricas que se relacionam igualmente a essa mesma ordem de fatos.

Tendo o Sr. Brunschvicg proposto definir o progresso da civilização como consistindo em que ele permite "às liberdades individuais exercer mais e mais amplamente seu direito de 'reparação' quanto à estrutura material das sociedades", o Sr. Durkheim responde:

Essa expressão, *reparação [reprise]*, me parece muito inexata; não é de uma reparação que se trata, mas de uma conquista feita graças à sociedade. Esses direitos e essas liberdades não são coisas inerentes à natureza do indivíduo como tal. Analisem a constituição empírica do homem, e não encontrarão nada desse caráter sagrado de que ele está atualmente investido e que lhe confere direitos. Esse caráter lhe foi sobreposto pela sociedade. É ela que consagrou o indivíduo; é ela que o torna a coisa respeitável por excelência. A emancipação progressiva do indivíduo não implica, portanto, um enfraquecimento, mas uma transformação do liame social. O indivíduo não é arrancado da sociedade; ele se reata a ela de uma maneira diferente de outrora, e isso porque ela o concebe e o quer de uma maneira diferente da que o concebera outrora.

O indivíduo se submete à sociedade e essa submissão é a condição de sua liberação. Liberar-se, para o homem, é se emancipar das forças físicas, cegas, ininteligentes; mas ele só pode chegar a isso ao opor a essas forças uma grande potência inteligente, ao abrigo da qual ele se coloca: é a sociedade. Ao se colocar à sua sombra, ele se põe, numa certa medida, sob sua dependência; mas essa dependência é libertadora. Não existe contradição nisso.

IV. – *A autoridade moral da coletividade* [25]

Eu não disse que a autoridade moral da sociedade lhe vinha de seu papel como legisladora moral; o que seria absurdo. Eu disse o total contrário, a saber, que ela estava qualificada para desempenhar esse papel de legisladora porque ela estava investida, aos nossos olhos, de uma autoridade moral bem fundada. O termo autoridade moral se opõe ao de autoridade material, de supremacia física. Uma autoridade moral, é uma realidade psíquica, uma consciência, mas mais alta e mais rica do que a nossa e da qual

---

[25] Em resposta a uma observação do Sr. Malapert.

nós sentimos que a nossa depende. Eu mostrei como a sociedade apresenta essa característica porque ela é a fonte e o lugar de todos os bens intelectuais que constituem a civilização. É da sociedade que nos vem todo o essencial de nossa vida mental. Nossa razão individual é e vale o que vale essa razão coletiva e impessoal que é a ciência, que é uma coisa social por essência e pela maneira pela qual ela se faz e pela maneira pela qual ela se conserva. Nossas faculdades estéticas, a sutileza de nosso gosto depende do que é a arte, coisa social da mesma maneira. É à sociedade que nós devemos nosso império sobre as coisas, que faz parte da nossa grandeza. É ela que nos emancipa da natureza. Não é natural, desde então, que nós no-la representemos como um ser psíquico superior ao que somos e de onde esse último emana? Em conseqüência, fica explicado que, quando ela reclama de nós esses sacrifícios pequenos ou grandes que formam a trama da vida moral, nós nos inclinemos diante dela com deferência.

O crente se inclina perante Deus, porque é a Deus que ele crê dever seu ser, e particularmente seu ser mental, sua alma. Nós temos as mesmas razões para experimentar esse sentimento pela coletividade.

Eu não sei o que é uma perfeição ideal e absoluta, eu não lhes solicito portanto que concebam a sociedade como idealmente perfeita. Eu não lhe atribuo nem mesmo uma perfeição relativa sempre a nós; tudo isso está fora de questão. Ela tem seus defeitos, mas também suas grandezas. Para amá-la e para respeitá-la, não é necessário que nós no-la representemos de uma maneira diferente daquela que é. Se nós só podíamos amar e respeitar o que é *idealmente perfeito,* supondo-se que essa expressão tenha um sentido definido, o próprio Deus não poderia ser o objeto de um tal sentimento; afinal, é dele que vem o mundo, e o mundo está cheio de imperfeição e de horror.

É verdade que se costuma bastante falar desdenhosamente da sociedade. Não se vê nela nada além do governo burguês com a tropa que o protege. É passar para o lado da mais rica e mais complexa realidade moral que nos seja permitido observar empiricamente, sem sequer percebê-la.

É certo que, no que respeita a nossa consciência moral atual, a moralidade plena, inteira, tão completa quanto podemos concebê-la, supõe que, no momento em que nós nos conformamos a uma regra moral, não somente nós queremos nos conformar a ela, mas ainda nós queremos a própria regra em si: o que é possível apenas se nós percebemos as razões que justificam a regra, e se nós as julgamos fundadas. Unicamente, é preciso reconhecer que existe aí um limite ideal do qual, de fato, estamos infinitamente distanciados, alguma concepção que nós nos façamos da moral. Nós ignoramos atualmente – e essa confissão de ignorância valeria muito melhor em nossas classes do que as explicações simplistas e freqüentemente pueris com as quais se costuma sempre frustrar a curiosidade das crianças –, nós ignoramos inteiramente, eu não sigo somente as causas históricas, mas as razões teleológicas que justificam atualmente a maior parte de nossas instituições morais. Quando saímos das discussões abstratas onde se demoram com muita freqüência as teorias da moral, como não sentir que é impossível compreender o porquê da família, do casamento, do direito de propriedade, etc., seja sob suas formas atuais, seja sob as formas novas que essas instituições são chamadas a tomar, sem levar em conta toda esse ambiente social cujo estudo quase nem começou? Portanto, acerca desse ponto, todas as escolas estão postas sob a mesma insígnia. Existe aí um *desideratum* da consciência moral, que eu estou longe de desconhecer, mas que todos nós, sem exceção de ninguém, estamos sem condições de satisfazer presentemente, ao menos de uma maneira um pouco pertinente. O método que eu emprego não me coloca de forma alguma, a esse respeito, numa posição de inferioridade, a menos que se considere ser uma vantagem fechar os olhos diante das dificuldades do problema. Acredito mesmo que ele apenas permite resolvê-lo progressivamente.

V. – A filosofia e os fatos morais [26]

O senhor me coloca em suma uma dupla questão: O senhor me pergunta: 1º Por que eu afasto as teorias dos filósofos; 2º Onde vou eu buscar os fatos morais cujo estudo pretendo empreender. Eu respondo de início à primeira questão.

A comparação que o senhor faz entre a filosofia moralista, de um lado, o físico e o astrônomo de outro, comparação na qual se baseia toda a sua argumentação, me parece completamente equivocada. Sem dúvida, se quisesse me interrogar acerca das coisas da astronomia, é a um astrônomo, e não ao vulgar ignorante que eu me dirigiria. Mas é que a astronomia é uma ciência cujo papel, cuja razão toda de ser é exprimir adequadamente, objetivamente, a realidade astronômica. Bem diferente é o objeto que perseguiu por todos os tempos a especulação moral dos filósofos. Jamais ela se colocou como objetivo traduzir fielmente, sem nada acrescentar a isso, sem nada lhe retirar, uma realidade moral determinada. A ambição dos filósofos sempre foi antes construir uma moral nova, diferente, às vezes sobre pontos essenciais, da que seguiam seus contemporâneos ou que tinham seguido seus predecessores. Eles foram, antes, revolucionários e iconoclastas. Todavia o problema que eu me coloco é saber em que consiste ou consistiu a moral, não tal como a concebe ou a concebeu tal individualidade filosófica, mas tal como ela foi vivida pelas coletividades humanas. Desse ponto de vista, as doutrinas dos filósofos perdem muito do seu valor.

Se a *física dos costumes e do direito,* tal como tentamos realizá-la, estivesse suficientemente avançada, ela poderia desempenhar, com relação aos fatos morais, o mesmo papel que a astronomia com relação às coisas astronômicas; e a ela seria conveniente se dirigir para saber o que a vida moral é. Mas essa ciência da moral está somente em vias de nascer e as teorias dos filósofos lhe

---

[26] Em resposta a uma observação do Sr. Weber.

tomam tão pouco lugar, elas estão tão longe de se propor o mesmo objeto que elas se opõem, ao contrário, com uma espécie de unanimidade a essa maneira de compreender e de tratar os fatos morais. Elas não podem, portanto, prestar o mesmo serviço.

Por outro lado, se confundiria quem acreditasse que eu os excluo sistematicamente; eu os nego somente essa espécie de prerrogativa e de primazia que tão freqüentemente lhes tem sido concedida. Elas também são fatos, e instrutivos; elas também nos informam sobre o que se passa na consciência moral de uma época; há portanto lugar para levá-las em conta. O que eu me recuso a admitir, é que elas exprimam de uma maneira particularmente eminente a verdade moral como a física ou a química exprimem a verdade para os fatos da ordem físico-química.

Essa oposição que o senhor estabelece entre o fato moral e o fato religioso me parece inadmissível. Não existe sequer um rito, por material que ele seja, que não esteja acompanhado de algum sistema, mais ou menos bem organizado, de representações destinadas a organizá-lo, a justificá-lo; afinal, o homem tem necessidade de compreender o que for preciso, enquanto por vezes se contenta com um mínimo. É freqüentemente a razão de ser dos mitos. Se portanto o senhor admite que o fato religioso pode ser alcançado fora das teorias que tentam explicá-lo, por que seria diferente com o fato moral?

Por outro lado, eu não penso que o senhor poderia pensar em negar que existe e que sempre existiu uma realidade moral fora das consciências dos filósofos que buscam exprimi-la. Essa moral, todos nós a praticamos, freqüentemente sem nos ocuparmos das razões que os filósofos dão para justificá-la. A prova disso está no embaraço em que freqüentemente estaríamos se alguém nos pedisse uma justificação sólida e racional das regras morais que nós observamos.

Resta a saber como, por quais procedimentos é possível alcançar essa realidade moral. É uma questão certamente delicada, mas que não tem nada de insolúvel. Existe antes de qualquer coisa um número considerável de idéias e de máximas que são facilmente acessíveis: são as que tomaram uma forma escrita, que foram condensadas em fórmulas jurídicas. No direito, a maior parte da moral doméstica, da moral contratual, da moral das obrigações, todas as idéias relativas aos grandes deveres fundamentais vêm se traduzir e se refletir. Existe aí, já, uma ampla matéria de observações que basta amplamente, e por muito tempo, às nossas ambições científicas. Quando nós tivermos preparado melhor esse terreno, ainda pouco explorado, nós passaremos a um outro. Eu não contesto, por outro lado, que existam deveres, idéias morais que não vêm se inscrever na lei; mas nós podemos alcançá-las por outros meios. Os provérbios, as máximas populares, os usos não codificados são igualmente fontes de informação. As obras literárias, as concepções dos filósofos, dos moralistas (vê o senhor que eu não os excluo) nos esclarecem a respeito das aspirações que estão somente em vias de se investigar, e nos permitem mergulhar ainda mais fundo na análise da consciência humana, até nessas profundezas onde se elaboram as correntes obscuras e ainda imperfeitamente conscientes delas mesmas. E sem dúvida, pode-se achar que estão aí procedimentos um pouco pesados, que não alcançam todos os detalhes e todas as nuanças da realidade moral; mas toda ciência é dessa forma, quando começa. É preciso em primeiro lugar, abrir um pouco a golpes de machado, algumas largas avenidas que chamem alguma luz nessa floresta virgem dos fatos morais e, mais geralmente, dos fatos sociais.

VI. – *A representação subjetiva da moral* [27]

Desde o início, eu dizia que seria preciso distinguir dois aspectos igualmente verdadeiros da moralidade:

---

[27] Em resposta a uma observação do Sr. Rauh.

1º De um lado, a moral objetiva, consistindo em um conjunto de regras e formando a moral do grupo;

2º A maneira, toda subjetiva, pela qual cada consciência individual se representa essa moral.

Com efeito, embora exista uma moral do grupo, comum a todos os homens que o compõem, cada homem possui sua moral para si: mesmo ali onde o conformismo é o mais completo, cada indivíduo elabora para si, em parte, a sua moral. Existe em cada um de nós uma vida moral interior, e não existe consciência moral individual que traduza exatamente a consciência moral comum, que não lhe seja parcialmente inadequada. Desse ponto de vista, como eu já havia indicado, cada um de nós é imoral em certos aspectos. Eu estou, portanto, longe de negar a existência dessa vida moral interior; eu sequer chego a contestar que ela possa ser estudada com sucesso; mas esse campo de estudos está fora de nossas investigações; eu o deixo voluntariamente de lado, ao menos pelo momento.

É ele entretanto que o Sr. Rauh acaba de abordar, e da observação de algumas consciências morais individuais ele chega a uma conclusão que me parece bem contestável. Ele parte do seguinte fato: ao observar a maneira como agem certos indivíduos (os estudiosos, os artistas), ele constata que eles consideram alguns dos deveres aos quais eles obedecem como absolutamente extra-sociais. Disso, o Sr. Rauh conclui que existem verdadeiramente deveres independentes da vida coletiva e que nasceriam diretamente das relações do homem com o mundo. Mas, antes de qualquer coisa, eu não vejo porque o Sr. Rauh empresta seus exemplos do meio específico dos estudiosos e dos artistas. Na realidade, essa maneira de ver é a mais geral. Existe somente um pequeno número de indivíduos que sentem que seus deveres são de origem social. A maior parte faz deles uma representação bem diferente, e daí vêm as resistências que encontra a idéia que eu acabei de expor.

Resta agora saber se essa representação não é uma ilusão. O Sr. Rauh procurou demonstrar que uma explicação sociológica desses deveres é impossível. Eu não discutirei em detalhe essa demonstração porque ela me parece ir contra esse princípio bem conhecido de que não existe experiência negativa. Eu concebo que se possa provar que uma explicação proposta está equivocada. Mas dificilmente eu concebo que se possa assim impedir um fim de receber *a priori* uma explicação que não está dada, declarar que ela é impossível sob qualquer forma que seja.

CAPÍTULO 4

Juízos de valor e juízos de realidade*

Ao submeter ao Congresso esse tema de discussão, eu me propus um duplo objetivo: primeiramente, mostrar sobre um exemplo particular como a sociologia pode ajudar a resolver um problema filosófico; em seguida, dissipar alguns preconceitos dos quais a sociologia, dita positiva, é objeto tão freqüentemente.

Quando nós dizemos que os corpos são pesados, que o volume dos gases varia na razão inversa da pressão que eles sofrem, nós formulamos juízos que se limitam a exprimir fatos dados. Eles enunciam o que existe e, por essa razão, são chamados juízos de existência ou de realidade.

Outros juízos têm como objeto dizer não o que são as coisas, mas o que elas valem com relação a um sujeito consciente, o preço que esse último lhes atribui: dá-se a isso o nome de juízos de valor. Por vezes se estende essa denominação a todo juízo que enuncia uma apreciação, qualquer que ela possa ser. Mas essa extensão pode dar lugar a confusões que é importante prevenir.

---

* Comunicação feita no *Congresso Internacional de Filosofia* de Bolonha, na sessão geral de 6 de abril, publicada num número excepcional da *Revue de Métaphysique et de Morale* [Revista de Metafísica e Moral] de 3 de julho de 1911. (Nota dos Editores de 1924)

Quando eu digo: eu adoro caça, prefiro a cerveja ao vinho, a vida ativa ao repouso, etc., eu emito juízos que podem parecer exprimir apreciações, mas que são, no fundo, simples juízos de realidade. Eles dizem unicamente de que maneira nos comportamos diante de certos objetos; que nós gostamos deste, que nós preferimos aquele. Essas preferências são fatos tais como o peso do corpo ou a elasticidade do gás. Semelhantes juízos não têm, portanto, como função atribuir às coisas um valor que lhes pertença, mas somente afirmar estados determinados do sujeito. Quanto às predileções que são dessa forma expressas, elas também são incomunicáveis. Aqueles que as experimentam bem podem dizer que as experimentam ou, pelo menos, que crêem experimentá-las; mas eles não podem transmiti-las a outrem. Elas dependem das suas pessoas, e destas não podem ser desligadas.

Acontece de modo totalmente diferente quando eu digo: esse homem possui um grande valor moral; essa mesa tem um grande valor estético; essa jóia vale muito. Em todos esses casos, eu atribuo aos seres e às coisas em questão um caráter objetivo, totalmente independente da maneira pela qual eu o sinto no momento em que eu me manifesto. Pessoalmente, eu posso não atribuir às jóias preço algum; o seu valor não fica menor do que aquele do momento considerado. Eu posso, como homem, não possuir senão uma medíocre moralidade; isso não me impede de reconhecer o valor moral ali onde ele existe. Eu posso ser, por temperamento, pouco sensível às alegrias da arte; isso não é razão para que eu negue que existam valores estéticos. Todos esses valores existem, portanto, num sentido, fora de mim. Também, quando nós estamos em desacordo com outrem sobre a maneira de concebê-los e estimá-los, tentemos lhes comunicar as nossas convicções. Nós não nos contentamos em afirmá-las; buscamos demonstrá-las ao afirmar, apoiados em nossas afirmações, razões de ordem impessoal. Nós implicitamente admitimos, portanto, que esses juízos correspondem a alguma realidade objetiva acerca da qual o entendimento pode e deve ser feito. São essas realidades *sui generis* que constituem valores, e os juízos de valor são os que se relacionam com essas realidades.

Gostaríamos de investigar como essas espécies de juízos são possíveis. Vê-se, pelo que precede, como se coloca a questão. Por um lado, todo valor supõe a apreciação de um sujeito, em relação definida com uma sensibilidade determinada. O que tem valor é bom de alguma maneira; o que é bom é desejável; todo desejo é um estado interior. E entretanto os valores que acabam de entrar em questão têm a mesma objetividade que as coisas. Como essas duas características, que, à primeira vista, parecem contraditórias, podem se conciliar? Como um estado de sentimento pode ser independente do sujeito que o experimenta?

Duas soluções contrárias foram dadas para esse problema.

I

Para vários pensadores, que todavia são recrutados dos meios mais heterogêneos, a diferença entre essas duas espécies de juízo é puramente aparente. O valor, diz-se, depende essencialmente de alguma característica constitutiva da coisa à qual ele é atribuído, e o juízo de valor fará nada mais que exprimir a maneira pela qual essa característica age sobre o sujeito que julga. Se essa ação é favorável, o valor é positivo; ela é negativa, no caso contrário. Se a vida tem valor para o homem, é porque o homem é um ser vivo e é da natureza do vivo viver. Se o trigo tem valor, é porque ele serve para a alimentação e preserva a vida. Se a justiça é uma virtude, é porque ela respeita as necessidades vitais; o homicídio é um crime pela razão oposta. Em suma, o valor de uma coisa seria simplesmente a constatação dos efeitos que ela produz em razão de suas propriedades intrínsecas.

Mas qual é o sujeito com relação ao qual o valor das coisas é e deve ser estimado?

Será o indivíduo? Como explicar então que possa existir um sistema de valores objetivos, reconhecidos por todos os homens, ao menos por todos os homens de uma civilização? O que desse ponto de vista forma o valor, é o efeito da coisa sobre a sensibilidade: todavia, sabe-se como é grande a diversidade das sensibilidades individuais. O que agrada a uns, repugna a outros. A própria vida não é querida por todos, já que existem homens que dela se desfazem, seja por desgosto, seja por dever. Sobretudo, que desacordo na maneira de compreendê-la! Este aqui a torna intensa; aquele ali se alegra em reduzi-la e simplificá-la. Essa objeção foi bem freqüentemente feita às morais utilitárias para que houvesse como desenvolvê-la; observamos apenas que ela se aplica igualmente a toda teoria que pretende explicar, por causas puramente psicológicas, os valores econômicos, estéticos ou especulativos. Dir-se-á que existe um tipo médio que se encontra na maioria dos indivíduos e que a apreciação objetiva das coisas exprime a maneira pela qual elas agem sobre o indivíduo médio? Mas a distância é enorme entre a maneira pela qual os valores são, de fato, apreciados pelo indivíduo ordinário e essa escala objetiva dos valores humanos a partir da qual devem, em princípio, se regular nossos juízos. A consciência moral média é medíocre; ela sente só ligeiramente até os deveres correntes e, em conseqüência, os valores morais correspondentes; o mesmo vale para aqueles pelos quais ela é atingida por uma espécie de cegueira. Não é ela, portanto, que pode nos fornecer o padrão da moralidade. Com mais forte razão, ocorre o mesmo com os valores estéticos que são letra morta para a grande maioria. No que diz respeito aos valores econômicos, a distância, em certos casos, talvez seja menos considerável. Entretanto, não é evidentemente a maneira pela qual as propriedades físicas do diamante ou da pérola agem sobre a generalidade de nossos contemporâneos que pode servir para determinar o seu valor atual.

Existe, por outro lado, uma outra razão a não permitir que se confunda a apreciação objetiva e a apreciação média: é que as reações do indivíduo médio resultam das reações individuais. Porque um estado se encontra em um grande número de sujeitos, ele não é, por isso, objetivo. Do que se alguns de nós apreciamos uma coisa da mesma maneira, não resulta que essa apreciação nos seja imposta alguma realidade exterior. Esse encontro pode ser devido a causas totalmente subjetivas, notadamente a uma homogeneidade suficiente dos temperamentos individuais. Entre essas duas proposições: Eu gosto *disto* e *Nós somos um certo grupo que gosta disto,* não existe uma diferença essencial.

Acredita-se poder escapar dessas dificuldades ao substituir o indivíduo pela sociedade. Exatamente como na tese precedente, afirma-se que o valor depende essencialmente de algum elemento integrante da coisa. Mas é a maneira pela qual a coisa afetaria o sujeito coletivo, e não mais o sujeito individual, que constituiria seu valor. A apreciação seria objetiva unicamente porque seria coletiva.

Essa explicação tem sobre a precedente vantagens incontestáveis. Com efeito, o juízo social é objetivo com relação aos juízos individuais; a escala dos valores se encontra assim deduzida das apreciações subjetivas e variáveis dos indivíduos: estes encontram fora de si uma classificação já estabelecida, que não é obra sua, que exprime uma coisa bem diferente dos seus sentimentos pessoais e com a qual eles são responsáveis por se conformar. Afinal, a opinião pública recebe das suas origens uma autoridade moral em virtude da qual ela se impõe aos particulares. Ela resiste aos esforços que são feitos para violentá-la; reage contra os dissidentes, exatamente como o mundo exterior reage dolorosamente contra os que tentam se rebelar contra ele. Ela censura aqueles que julgam as coisas morais segundo princípios diferentes dos que ela prescreve; ela ridiculariza aqueles que se inspiram em uma estética diferente da sua. Quem quer que tente obter uma coisa por um preço inferior ao seu valor arrisca-se a resistências comparáveis àquelas que nos opõem os corpos quando desconhecemos sua natureza. Assim pode-se explicar a espécie de necessidade que nós experimentamos, e de que temos consciência quando emitimos juízos de valores. Nós bem sentimos que não somos senhores de nossas apreciações; que estamos ligados e obrigados. É a consciência pública que nos associa. É verdade que esse aspecto dos juízos de valores não é o único; existe um outro, que é quase oposto àquele primeiro. Esses mesmos valores que, de certa maneira, nos tornam o efeito de realidades que se impõem a nós, nos aparecem ao mesmo tempo como coisas desejáveis de que gostamos e queremos espontaneamente. Mas é que a sociedade, ao mesmo tempo que é a legisladora à qual devemos respeito, é a criadora e a depositária de todos esses bens da civilização aos quais nós estamos ligados com todas as forças da nossa alma. Ela é boa e beneficente, ao mesmo tempo que imperativa. Tudo o que aumenta a sua vitalidade engrandece a nossa. Não surpreende, portanto, que nós dependamos de tudo aquilo de que ela depende.

Mas, assim compreendida, uma teoria sociológica dos valores levanta por seu turno graves dificuldades que, por outro lado, não são específicas dela; afinal, elas podem ser igualmente objetadas à teoria psicológica que estava anteriormente em questão.

Existem tipos diferentes de valores. Uma coisa é o valor econômico, outra coisa os valores morais, religiosos, estéticos, especulativos. As tentativas tão freqüentemente feitas com vistas a reduzir umas às outras as idéias de bem, de belo, de verdadeiro e de útil sempre resultaram vãs. Todavia, se o que o valor faz é unicamente a maneira pela qual as coisas afetam o funcionamento da vida social, a diversidade dos valores vem a ser dificilmente explicável. Se é a mesma causa que é por toda parte atuante, de onde vem que os efeitos são especificamente diferentes?

Por outro lado, tão verdadeiramente o valor das coisas se mediria conforme o grau de sua utilidade social (ou individual), o sistema dos valores humanos deveria ser revisto e remexido de cima abaixo; afinal, o lugar que aí se concede aos valores de luxo seria, desse ponto de vista, incompreensível e injustificável. Por definição, o que é supérfluo não é, ou é menos útil, do que o necessário. O que é suplementar pode faltar sem prejudicar gravemente o jogo das funções vitais. Numa palavra, os valores de luxo são dispendiosos por natureza; eles custam mais do que rendem. Assim, há doutrinadores que os vêem sob um olhar desconfiado e que se esforçam em reduzi-los à porção devida. Mas, de fato, não é que eles tenham maior preço aos olhos dos homens. A arte em sua inteireza é artigo de luxo; a atividade estética não se subordina a nenhum fim; ela se manifesta unicamente pelo prazer de se manifestar. Da mesma maneira, a pura especulação é o pensamento livre de todo fim utilitário e que se exerce pelo objetivo unicamente de se exercer. Quem pode contestar entretanto que, desde sempre, a humildade colocou os valores artísticos e especulativos bem acima dos valores econômicos? Exatamente como a vida intelectual, a vida moral tem seu senso estético que lhe é próprio. As virtudes mais altas não consistem no cumprimento regular e estrito dos atos mais imediatamente necessários à boa ordem social; mas elas são feitas de movimentos livres e espontâneos, de sacrifícios de que ninguém necessita e que por vezes chegam a ser contrários aos preceitos de uma economia prudente. Há virtudes que são loucuras, e é a sua loucura que faz sua grandeza. Spencer pôde demonstrar que a filantropia é freqüentemente contrária ao interesse bem compreendido da sociedade; sua demonstração não impedirá os homens de situar alto demais em sua estima a virtude que ele condena. A própria vida econômica não se restringe estritamente à regra da economia. Se os artigos de luxo são aqueles que custam mais caro, não é somente porque em geral eles são os mais raros; é também porque eles são os mais apreciados. É que a vida, tal como a têm concebido os homens de todos os tempos, não consiste simplesmente em estabelecer com exatidão o orçamento do organismo individual ou social, a responder, com o menor custo possível, aos estímulos vindos do exterior, para bem proporcionalizar as despesas às compensações. Viver é, antes de tudo, agir, agir sem calcular, pelo prazer de agir. E se, evidentemente, não se pode passar sem economia, se é preciso acumular para poder gastar, todavia a despesa é que é o objetivo; e a despesa é a ação.

Mas vamos mais longe e remontemos ao princípio fundamental sobre o qual se baseiam todas essas teorias. Todas supõem igualmente que o valor está nas coisas e exprime sua natureza. Todavia esse postulado é contrário aos fatos. Há diversos casos nos quais não existe, por assim dizer, nenhuma relação entre as propriedades do objeto e as do valor que lhe é atribuído.

Um ídolo é uma coisa muito sagrada e a sacralidade é o valor mais elevado que os homens jamais reconheceram. Todavia um ídolo, freqüentemente, nada mais é do que um amontoado de pedras ou uma peça de madeira que, por si mesma, é despojada de toda espécie de valor. Não existe ser, por modesto que seja, não existe objeto vulgar que, em um dado momento da história, não tenha inspirado sentimentos de respeito religioso. Adorou-se aos animais mais inúteis ou aos mais inofensivos, aos mais pobres, por motivos de todo tipo. A concepção corrente a partir da qual as coisas às quais se dirige o culto sempre foram aquelas que mais alcançavam a imaginação dos homens é contraditada pela história. O valor incomparável que lhe era atribuído não dependia, portanto, de suas características intrínsecas. Não existe fé um pouco viva, por mais laica que seja, que não tenha seus fetiches onde raie a mesma desproporção. Uma bandeira nada mais é do que um pedaço de tecido; o soldado, entretanto, se dispõe a morrer para salvar sua bandeira. A vida moral não é menos rica em contrastes desse gênero. Entre o homem e o animal não há, do ponto de vista anatômico, fisiológico e psicológico, senão em diferenças de grau; e entretanto, o homem possui uma eminente dignidade moral, e o animal não possui nenhuma. Sob a relação dos valores, há, portanto, entre eles um abismo. Os homens são desiguais em força física como em talento; e, entretanto, nós tendemos a lhes reconhecer em todos um igual valor moral. Sem dúvida, o igualitarismo moral é um limite ideal que jamais será atingido, mas dele nós nos aproximaremos sempre mais. Um selo postal nada mais é do que um minúsculo quadrado de papel desprovido, quase sempre, de qualquer caráter artístico; ele pode apesar disso valer uma fortuna. Não é evidentemente a natureza interna da pérola ou do diamante, das peles ou das rendas que faz com que o valor desses diferentes objetos de toalete varie com os caprichos da moda.

II

Mas se o valor não está nas coisas, se ele não depende essencialmente de alguma característica da realidade empírica, não resulta daí que ele tem sua fonte fora do dado e da experiência? Tal é, com efeito, a tese que foi sustentada, mais ou menos explicitamente, por toda uma linha de pensadores cuja doutrina, para além de Ritschl, remonta ao moralismo kantiano. Concede-se ao homem uma faculdade *sui generis* de transcender a experiência, de se representar outra coisa que o que existe, numa palavra, de colocar ideais. Essa faculdade representativa se concebe, aqui sob uma forma mais intelectualista, aqui mais sentimental, mas sempre como claramente distinta da que a ciência concretiza. Existiria, portanto, uma maneira de pensar o real, e uma outra, bem diferente, para o ideal; e é com relação aos ideais assim postos que seria estimado o valor das coisas. Diz-se que elas têm valor quando exprimem, refletem, de uma maneira qualquer, um aspecto do ideal, e que elas têm mais ou menos valor segundo o ideal que encarnam e segundo o que elas guardam dele.

Assim, ao passo que, nas teorias precedentes, os juízos de valor nos foram apresentados com uma outra forma dos juízos de realidade, aqui, a heterogeneidade de uns e de outros é radical: os objetos acerca dos quais eles se apóiam são diferentes como as faculdades que eles supõem. As objeções que fizemos à primeira explicação não teria, portanto, como se aplicar a esta. Compreende-se sem dificuldade que o valor seja, numa certa medida, independente da natureza das coisas, se ele depende de causas que são exteriores a estas últimas. Ao mesmo tempo, o lugar privilegiado que sempre se reservou aos valores de luxo se torna fácil de justificar. É que o ideal não está a serviço do real; ele está ali para si mesmo; não são portanto os interesses da realidade que podem lhe servir de medida.

Unicamente, o valor que é assim atribuído ao ideal, caso explique o resto, não explica a si mesmo. Ele é postulado, mas ele não é explicado nem pode ser explicado. Como, com efeito, isso seria possível? Se o ideal não depende do real, não haveriam como existir no real as causas e as condições que o tornam inteligível. Mas, fora do real, onde encontrar a matéria necessária para uma explicação qualquer? Existe, no fundo, alguma coisa de profundamente empirista num idealismo assim entendido. Sem dúvida, é um fato que os homens gostem de uma beleza, uma bondade, uma verdade que não estão jamais realizadas de uma maneira adequada nos fatos. Mas mesmo isso nada mais é do que um fato que se levanta, sem razão, numa espécie de absoluto para além do qual se está proibido de remontar. Ainda seria preciso fazer ver de onde vem o fato que nós temos, a um só tempo, a necessidade e o meio de ultrapassar o real, de acrescentar ao mundo sensível um mundo diferente ao qual os melhores dentre nós elegeram sua verdadeira pátria.

Para esta questão, a hipótese teológica carrega uma aparência de resposta. Supõe-se que o mundo dos ideais é real, que ele existe objetivamente, mas com uma existência supra-experimental, e que a realidade empírica da qual nós fazemos parte vem daquela e dela depende. Nós estaríamos, portanto, atrelados ao ideal como à fonte mesma da nossa vida. Mas, diferente das dificuldades conhecidas que essa concepção revela, quando se hipostasia assim o ideal, de um mesmo golpe ele é imobilizado e se retira dele todo meio de explicar sua infinita variabilidade. Nós sabemos hoje que não somente o ideal varia segundo os grupos humanos, mas que ele deve variar; aquele dos romanos não era o nosso e não devia ser o nosso, e a escala de valores muda paralelamente. Essas variações não são o produto da cegueira humana; elas estão fundadas na natureza das coisas. Como explicá-las, se o ideal exprime uma realidade una e incomensurável? Seria preciso, portanto, admitir que Deus, também ele, varia tanto no espaço como no tempo, e de que poderia depender essa surpreendente diversidade? O vir-a-ser divino somente seria inteligível se o próprio Deus tivesse como tarefa realizar um ideal que o transcende, e o problema teria, então, apenas mudado de lugar.

Com qual direito, por outro lado, põe-se o ideal fora da natureza da ciência? É na natureza que ele se manifesta; é igualmente preciso, portanto, que ele dependa de causas naturais. Para que ele seja coisa diferente de um simples possível, concebido pelos espíritos, é preciso que ele seja querido e, em conseqüência, que ele tenha uma força capaz de mover nossas vontades. São elas que, sozinhas, podem torná-lo uma realidade viva. Mas já que essa força vem finalmente se traduzir em movimentos musculares, ela não teria como diferir essencialmente das outras forças do universo. Por que, portanto, seria impossível analisá-la, resolvê-la em seus elementos, investigar as causas que determinaram a síntese da qual ela é resultante? Chega a haver casos nos quais é impossível medi-la. Cada grupo humano, a cada momento de sua história, tem, para a dignidade humana, um sentimento de respeito de uma dada intensidade. É esse sentimento, variável segundo os povos e as épocas, que está na raiz do ideal moral das sociedades contemporâneas. Todavia, conforme seja ele mais ou menos intenso, o número dos atentados contra a pessoa é mais ou menos elevado. Da mesma maneira, o número dos adultérios, dos divórcios, das separações de corpos, exprime a força relativa com a qual o ideal conjugal se impõe às consciências particulares. Sem dúvida, essas medidas são grosseiras; mas haverá forças físicas que possam ser medidas de maneira diferente de uma maneira grosseiramente aproximativa? Ainda sob essa relação, não pode existir entre umas e outras senão diferenças de grau.

Mas existe, sobretudo, uma ordem de valores que não teriam como ser separadas da experiência sem perder toda significação:

são os valores econômicos. Todo o mundo bem sente que eles não exprimem nada do além e não implicam nenhuma faculdade supra-experimental. É verdade que, por essa razão, Kant se recusa a ver neles valores verdadeiros: ele tende a reservar essa qualificação unicamente para as coisas morais.[28] Mas essa exclusão é injustificada. Certamente, existem tipos diferentes de valores, mas são espécies de um mesmo gênero. Todas correspondem a uma apreciação das coisas, quaisquer que sejam os diferentes pontos de vista pelos quais a apreciação é feita conforme o caso. O progresso que fez, nos tempos recentes, a teoria do valor está precisamente em ter estabelecido a unidade e a generalidade da noção. Mas então, se todas as espécies de valor são patentes, e se algumas dentre elas dependem também estritamente de nossa vida empírica, as outras não poderiam ser dela independentes.

III

Em resumo, se é verdade que o valor das coisas não pode ser e jamais foi apreciado senão com relação a certas noções ideais, estas têm necessidade de ser explicadas. Para compreender como juízos de valor são possíveis, não é suficiente postular um certo número de ideais; é preciso explicá-los, é preciso demonstrar de onde eles vêm, como eles se conectam com a experiência enquanto a transcendem e em que consiste a sua objetividade.

Já que eles variam com os grupos humanos assim como os sistemas de valores correspondentes, disso não resulta que tanto uns como os outros devam ter origem coletiva? É verdade que nós expusemos precedentemente uma teoria sociológica dos valores cuja insuficiência tínhamos mostrado; mas é que ela se baseava numa concepção da vida social que reconhecia sua natureza verdadeira. A socie-

---

[28] Ele diz que as coisas econômicas têm um preço *(einen Preis, einen Marktpreis)*, não um valor interno *(einen inneren Werth)*. V. ed. Hartenstein, tomo VII, pp. 270-271 e 614.

dade aí era apresentada como um sistema de órgãos e de funções que tende a se preservar contra as causas de destruição que a assaltava do exterior, como um corpo vivo cuja vida inteira consiste em responder de uma maneira apropriada às excitações vindas do meio externo. Todavia, de fato, ela é, ainda, o domicílio de uma vida moral interna da qual nem sempre se reconheceu a existência e a originalidade.

Quando as consciências individuais, em lugar de ficar separadas umas das outras, passar a manter relações estreitas, agem ativamente umas sobre as outras, deriva-se de sua síntese uma vida psíquica de um gênero novo. Ela se distingue em primeiro lugar, daquela que conduz o indivíduo solitário, por sua particular intensidade. Os sentimentos que nascem e se desenvolvem no interior dos grupos têm uma energia que os sentimentos puramente individuais não alcançam. O homem que os experimenta tem a impressão de que está dominado por forças que ele não reconhece como suas, que o comandam, das quais ele não é o senhor, e todo o meio no qual ele está imerso lhe parece atravessado por forças do mesmo gênero. Ele se sente como que transportado para um mundo diferente daquele se espalha sua existência privada. A vida aí não é somente intensa; ela é qualitativamente diferente. Envolvido pela coletividade, o indivíduo se desinteressa por si mesmo, se esquece de si mesmo, entrega-se inteiramente aos fins comuns. O pólo de sua conduta é deslocado e levado para fora dele. Ao mesmo tempo, as forças que são assim provocadas, precisamente porque são teóricas, não se deixam facilmente canalizar, compassar, ajustar a fins estritamente determinados; elas experimentam a necessidade de se manifestar por se manifestar, por jogo, sem objetivo, sob a forma, aqui, de violências estupidamente destrutivas, e ali de loucuras heróicas. É uma atividade de luxo, num sentido, porque é uma atividade muito rica. Por todas essas razões, ela se opõe à vida que nós levamos cotidianamente, como o superior se opõe ao inferior, o ideal à realidade.

É, com efeito, nos momentos de efervescência desse gênero que foram, em todas as épocas, constituídos os grandes ideais sobre os quais se fundamentam as civilizações. Os períodos criadores ou inovadores são precisamente aqueles em que, sob a influência de circunstâncias diversas, os homens são levados a se aproximar mais intimamente, onde as reuniões, as assembléias são mais freqüentes, as relações mais seguidas, as mudanças de idéias mais ativas: é a grande crise cristã, é o movimento de entusiasmo coletivo, que, nos séculos XII e XIII, envolve em Paris a população de estudiosos da Europa e dá origem à escolástica, é a Reforma e a Renascença, é a época revolucionária, são as grandes agitações sociais do século XIX. Em tais momentos, é verdade, essa vida mais elevada é vivida com uma tal intensidade e de uma maneira tão exclusiva que ela ocupa quase todo lugar nas consciências, ela caça mais ou menos completamente suas preocupações egoístas e vulgares. O ideal tende então a simplesmente identificar-se ao real; eis por que os homens têm a impressão de que estão bem próximos os tempos em que se transformará a própria realidade e em que o reino de Deus se concretizará nesta terra. Mas a ilusão não é nunca durável, porque essa mesma exaltação pode durar: ela é fatigante demais. Uma vez passado o momento crítico, a trama social se interrompe, o comércio intelectual e sentimental se reduz, os indivíduos retornam ao seu nível ordinário. Então, tudo o que foi dito, feito, pensado, sentido, durante o período da tormenta fecunda serve somente sob a forma de lembrança, de lembrança prodigiosa, sem dúvida, exatamente como a realidade que ele relembra, mas com a qual ele deixou de se confundir. Não é nada mais que uma idéia, um conjunto de idéias. Desta vez, a oposição está dividida. Existe, por um lado, o que está dado nas sensações e nas percepções e, por outro, o que é pensado sob forma de ideais. Certamente, esses ideais se debilitariam depressa, se não fossem periodicamente revivificados. Eis para que servem as festas, as cerimônias públicas, ou religiosas, ou laicas, as prédicas de toda espécie, as da Igreja ou as da escola, as representações dramáticas, as manifestações artísticas, numa palavra, tudo o que pode aproximar os homens e fazê-los comungar de uma mesma vida intelectual e moral. São como renascenças parciais e frágeis da efervescência das épocas criadoras. Mas todos esses meios não têm em si mesmos senão uma ação temporária. Durante algum tempo, o ideal retoma o frescor e a vida da atualidade, aproxima-se novamente do real, mas não demora a se diferenciar dele uma outra vez.

Se portanto o homem concebe ideais, se mesmo ele não pode evitar concebê-los e atrelar-se a eles, é porque ele é um ser social. É a sociedade que o impulsiona e o obriga a dessa forma se erguer acima de si mesmo, e é ela também que lhe fornece os meios para tanto. É por isso apenas que ela toma consciência de si, ela conduz o indivíduo a si mesmo e o envolve num círculo de vida superior. Ela não pode se constituir sem criar o ideal. Esses ideais, eles são simplesmente as idéias nas quais vem se figurar e se resumir a vida social, tal como ela é nos pontos culminantes do seu desenvolvimento. Diminui-se a sociedade quando não se vê nela nada mais que um corpo organizado em razão de certas funções vitais. Nesse corpo vive uma alma: é o conjunto dos ideais coletivos. Mas esses ideais não são as abstrações, frias representações intelectuais, despojadas de toda eficácia. Eles são essencialmente motores; afinal, por trás deles existem forças reais e atuantes: são as forças coletivas, forças naturais, por conseqüência, embora todas morais, e comparáveis àquelas que operam no resto do universo. O próprio ideal é uma força desse gênero; a ciência dele pode ser feita, portanto. Eis aí o que faz com que o ideal possa se incorporar ao real: é que ele lhe vem enquanto o transcende. Os elementos de que ele é feito são emprestados da realidade, mas eles são combinados de uma maneira nova. É a novidade da combinação que constitui a novidade do resultado. Abandonado a si mesmo, jamais o indivíduo conseguiria tirar de si os materiais necessários para uma tal construção. Deixado às suas próprias forças, como poderia ele ter tido a idéia e o poder de transcender a si mesmo? Sua experiência pessoal bem lhe pode permitir distinguir fins futuros e desejáveis e outros que já foram realizados. Mas o ideal, este não é somente alguma coisa que falta e que se anseia. Não é um simples futuro ao qual se aspira. Ele tem seu caráter; ele tem sua realidade. Concebe-se-o flutuante, impessoal, acima das vontades particulares que ele move. Se ele fosse o produto da razão individual, de onde lhe poderia vir essa impessoalidade? Invocar-se-ia sua impessoalidade da razão humana? Mas isso é retardar o problema; não é resolvê-lo. Afinal, essa impessoalidade nada mais é do que um fato, dificilmente diferente do primeiro, e que é preciso justificar. Se as razões comunicam nesse ponto, não é porque elas vêm de uma mesma fonte, porque elas participam de uma razão comum?

Assim, para explicar os juízos de valor, não é necessário nem reduzi-los a juízos de realidade ao fazer dissipar a noção de valor, nem conduzi-los a não sei que faculdade pela qual o homem entraria em relação com um mundo transcendente. O valor vem mais da relação das coisas com os diferentes aspectos do ideal; mas o ideal não é uma escapada para um além misterioso; ele está na natureza e é da natureza. O pensamento distinto dedicou-se a ele tanto quanto ao resto do universo físico ou moral. Não que ele um dia possa, certamente, consumi-lo, mais do que ele não consome realidade alguma; mas ele pode a isso se dedicar com a esperança de possuí-lo progressivamente, sem que se possa assinalar antecipadamente nenhum limite aos seus progressos indefinidos. Desse ponto de vista, estamos em melhores condições de compreender como o valor das coisas pode ser independente de sua natureza. Os ideais coletivos não podem se constituir e tomar consciência deles mesmos senão na condição de se fixar em coisas que possam ser vistas por todos, compreendidas por todos, representadas a todos os espíritos: desenhos figurados, emblemas de toda espécie, fórmulas escritas ou faladas, seres animados, ou inanimados. E sem dúvida ocorre que, por algumas de suas propriedades, esses objetos tenham uma espécie de afinidade com o ideal e o chamem a ele naturalmente. É então que as características intrínsecas da coisa podem parecer – a princípio erradamente – a causa geradora do valor. Mas o ideal pode também se incorporar a uma coisa qualquer: ele se coloca onde quer. Toda espécie de circunstâncias contingentes pode determinar a maneira pela qual ele se fixa. Então essa coisa, por mais vulgar que ela seja, é tornada sem igual. Eis aí como um corte de tela se aureolar de sacralidade, como um minúsculo pedaço de papel pode se tornar uma coisa muito preciosa. Dois seres bem diferentes e bem desiguais em muitos aspectos: se eles encarnam um mesmo ideal, eles aparecem como equivalentes; é que o ideal que eles simbolizam aparece então como o que existe de mais essencial neles e joga para segundo plano todos os aspectos deles mesmos pelos quais divergem um do outro. É assim que o pensamento coletivo metamorfoseia tudo o que ele toca. Ele mistura os domínios, ele confunde os contrários, ele inverte o que se poderia ver como a hierarquia natural dos seres, ele nivela as diferenças, ele diferencia os semelhantes, numa palavra, ele substitui o mundo que nos revelam os sentidos por um mundo totalmente diferente que não é outra coisa senão a sombra projetada pelos ideais que ele construiu.

IV

Como é preciso, portanto, conceber a relação dos juízos de valor com os juízos de realidade?

Do que precede, resulta que não existe entre eles diferenças de natureza. Um juízo de valor exprime a relação de uma coisa com um ideal. Todavia o ideal está dado como a coisa, ainda que de uma outra maneira; ele é, também, uma realidade à sua maneira. A relação expressa une portanto dois termos dados, exatamente como num juízo de existência. Dir-se-ia que os juízos de valor põem em jogo os ideais? Mas não ocorre de maneira diferente com os juízos de realidade. Afinal os conceitos são igualmente construções do espírito, portanto, dos ideais; e não seria difícil demonstrar que são mesmo ideais coletivos, já que eles não podem se constituir senão na e pela linguagem, que é, no extremo, uma coisa coletiva. Os elementos do juízo são, portanto, os mesmo de uma parte e de outra. Não se deve dizer todavia que o primeiro desses juízos se reduz ao segundo, ou vice-versa. Se eles se recordam, é porque eles são obra de uma única e mesma faculdade. Não existe uma maneira de pensar e de julgar para colocar existências e uma outra para apreciar valores. Todo juízo tem necessariamente uma base no dado: mesmo aqueles que se relacionam com o futuro emprestam seus materiais seja do presente, seja do passado. Por outro lado, todo juízo concretiza ideais. Portanto, não existe e não deve existir senão uma única faculdade de julgar.

Entretanto, a diferença que assinalamos em nosso percurso não deixa de subsistir. Se todo juízo concretiza ideais, estes são de espécies diferentes. O papel que lhes cabe é unicamente o de exprimir as realidades às quais eles se aplicam, de exprimi-las tais como elas são. São os conceitos propriamente ditos. Existem outros, ao contrário, cuja função é transfigurar as realidades às quais eles estão relacionados. São os ideais de valor. Nos primeiros casos, é o ideal que serve de símbolo para a coisa de maneira a torná-la assimilável ao pensamento. No segundo, é a coisa que serve de símbolo para o ideal e que o torna representável aos diferentes espíritos. Naturalmente, os juízos diferem conforme os ideais que eles empregam. Os primeiros se militam a analisar a realidade e a traduzi-la tão fielmente quanto possível. Os segundos, ao contrário, dizem o aspecto novo com o qual ela se enriquece sob a ação do ideal. E sem dúvida, também esse aspecto é real, mas de um outro jeito e de uma outra maneira que as propriedades inerentes ao objeto. A prova disso está em que uma mesma coisa pode ou perder o valor que ela tem, ou adquirir um diferente sem mudar de natureza: basta que o ideal mude. O juízo de valor acrescenta, portanto, ao dado, num sentido, ainda que o que ele acrescenta seja emprestado de um dado de uma outra espécie. E assim a faculdade de julgar funciona diretamente conforme as circunstâncias, mas sem que essas diferenças alterem a unidade fundamental da função.

Por vezes se repreendeu a sociologia positivista por uma espécie de fetichismo empirista diante do fato e uma indiferença sistemática diante do ideal. Vê-se o quanto a reprovação é injustificada. Os principais fenômenos sociais, religião, moral, direito, economia, estética, não são outra coisa que sistemas de valores, portanto, de ideais. A sociologia se coloca, portanto, imediatamente no ideal; nele, ela não chega lentamente, ao final de suas investigações; ela parte por ele. O ideal é o seu domínio próprio. Unicamente (e é por isso que ela poderia ser qualificada de positiva se, acolhida pelo nome de ciência, tal adjetivo não constituísse pleonasmo), ela não trata do ideal senão para fazer sua ciência. Não que ela tente construí-lo; bem ao contrário, ela o toma como um dado, como um objeto de estudo, e ela tenta analisá-lo e explicá-lo. Na faculdade de ideal, ela vê uma faculdade natural da qual ela busca as causas e as condições, com vistas, se for possível, a ajudar os homens a regular seu funcionamento. Em definitivo, a tarefa do sociólogo deve ser fazer reentrar o ideal, em todas as suas formas, na natureza, mas preservando-lhe todos os seus atributos constitutivos. E se a empreitada não lhe parece impossível, é porque a sociedade cumpre todas as condições necessárias para justificar essas características opostas. Ela também vem da natureza, enquanto a domina. É que, não somente todas as forças do universo vêm aportar nela, mas além disso, elas aí são sintetizadas de maneira a dar origem a um produto que ultrapassa em riqueza, em complexidade e em potência de ação o que serviu para formá-la. Numa palavra, ela é a natureza, mas chegada ao mais alto ponto de seu desenvolvimento e concentrando todas as suas energias para transcender a si mesma de alguma maneira.

IMPRESSO NA
sumago gráfica editorial ltda
rua itauna, 789   vila maria
02111-031   são paulo   sp
telefax 11 **6955 5636**
sumago@terra.com.br